AF493335

# PSICOLOGIANDO BARRERAS II

## Reconocer, reconstruir y aprender

Luis Gallardo Rojas

EDIQUID

PSICOLOGIANDO BARRERAS II
Reconocer, reconstruir y aprender
© Luis Gallardo Rojas

Editado por: Editorial Ígneo, C. A.
para su sello editorial Ediquid
Caracas, Venezuela
Primera edición, diciembre, 2022

ISBN: 978-980-436-066-4
Depósito legal: DC2022002008


www.grupoigneo.com
Correo electrónico: contacto@grupoigneo.com
Facebook: Grupo Ígneo | Twitter: @editorialigneo | Instagram: @grupoigneo



Diseño de portada: Susana Santos
Corrección: Daniela Olivero
Diagramación: Gisela Toledo

Colección: Integrales

# Índice de contenido

# Agradecimientos

Agradezco a Dios por su compasión.

Agradezco a la vida por la oportunidad.

Agradezco a mi esposa, Rocío, fiel compañera de vida, por su infinito amor, ternura, paciencia y dedicación.

Agradezco a mis padres por sus valores y principios enseñados.

Agradezco a mis hijas, Jael y Tamara, por su admiración.

Agradezco a mis lectores por su apoyo y lectura.

Agradezco a Dayana Villa por su profesionalismo.

Agradezco a Katherine Longart por su sencillez y amabilidad.

Agradezco a Grupo Ígneo por confiar en mi trabajo y capacidades.

Agradezco a mis amistades por valorar y aceptar mi persona.

# Prólogo

El presente libro es la continuidad de *Psicologiando barreras*, en relación a las diversas barreras que los seres humanos vamos enfrentando en toda nuestra vida. Son recopilaciones informativas y analizadas del área clínica de personas, como usted y yo, con virtudes y defectos, debilidades y fortalezas, que se ven confrontadas en algún instante de su vida con obstáculos que dificultan el fluir de su ciclo vital y, por ende, en muchas ocasiones necesitan ayuda, apoyo y direccionalidad para enfrentarlas con probabilidades de éxito.

Siguiendo con la línea editorial y pauta escritural del autor, se busca explicar fenómenos, causalidades, situaciones, eventos, comportamientos que evidenciamos, con la mayor sencillez posible para que sean de fácil comprensión y de rápido aprendizaje para los lectores, con el fin de aportar de forma significativa a sus vidas.

Es menester mencionar que esta obra *Psicologiando barreras II* nace desde la necesidad de plantear y exponer las innumerables barreras que el ser humano tiene en sus multiformes contextos y que, por una parte, estaban en el aparato mental del autor y, por otra, fueron ideas planteadas por los mismos lectores. Por lo tanto, agradezco a todas y todos aquellos que, vía *e-mail*, a través de redes sociales y vía directa, *face to face*, se dieron el tiempo, la ocasión y la oportunidad de sugerir ciertas barreras que enfrentaron, que están enfrentando y que no han conseguido superar.

# Barrera de la soledad

Sin duda, el ser humano es individual y puede tener características únicas e irrepetibles, pero también es un ser social y, por lo tanto, cuenta con características bastante similares, desde lo físico hasta lo emocional, pasando por conductas, acciones, actitudes, gestos y modismos que nos hacen exclamar, por ejemplo: «¡Eres igual que tu papá!».

Por lo tanto, se puede afirmar, con disminuido margen de error, que la «sociabilidad» es parte del ADN del ser humano, y que se nos hace fácil relacionarnos socialmente, aunque con algunos inconvenientes culturales, de autoconcepto y/o timidez. No obstante, lo social lo llevamos en la «sangre».

Desde que somos concebidos, y durante toda nuestra vida, vamos teniendo «relaciones dependientes» con otro ser, ya sea humano, animal o vegetal. Nuestra primera relación dependiente es con nuestra madre y, de manera progresiva, el círculo se va ampliando hacia las primeras figuras significativas: familia, amistades, compañeros de colegio, y así de forma sucesiva. Este factor es relevante y un punto crucial para explicar la barrera de la soledad: las relaciones dependientes.

Lo primero que se debe decir es que la soledad es, en esencia, una *sensación*. Es decir, la persona puede estar rodeada de gente, familia, amigos, compañeros, y, sin embargo, tener sensación de soledad, de vacío. Entonces, aparece la teoría de que la soledad puede ser o no una expresión visual y tangible, sino que, en conjunto, puede expresarse con una intensa manifestación de sentirse sola o solo; como he dicho con anterioridad, estando con o sin personas a su alrededor y/o entorno.

La sensación de soledad, como tal, nace a partir de varios factores. Uno de ellos, en psicología infantojuvenil, se denomina «los apegos». El apego es un término que se utiliza para referirse al tipo y estilo de relación dependiente que tienen dos personas. Por lo general, es referible al apego que tiene un infante con uno o ambos progenitores. El apego seguro es aquel en el cual los involucrados se sienten cómodos y contenidos el uno por el otro. Por otra parte, el apego inseguro es aquel en el cual los involucrados se sienten incómodos y escasamente contenidos el uno por el otro.

El apego inseguro ocurre cuando hay disminuida participación afectiva, de atención y cumplimiento de las necesidades básicas de parte de los progenitores hacia las necesidades de la o el bebé. Por lo tanto, desde los afectos se van generando vacíos que, dependiendo del ciclo vital y del área afectiva de la persona, se pueden llegar a desarrollar ciertas anomalías que perjudican de manera emocional y sentimental en su edad juvenil y adulta.

Las bases afectivas se asientan en las personas a muy temprana edad y el momento en el cual esto ocurre dependerá de la teoría y de los autores. Algunos postulan que se asientan desde el embarazo, otros postulan que se da posparto. En mi opinión, considero que las bases afectivas se comienzan a generar y a provocar en lo que yo denomino «sensaciones afectivas», desde la concepción. Es de conocimiento general que la teoría de la «estimulación temprana» es una realidad archicomprobada.

Tales bases afectivas determinarán el tipo de relación dependiente que tendrá la persona con sus pares. Es decir, si esa persona será dependiente de su pareja sentimental, de sus hijos, de sus padres, o si será dependiente de su trabajo, o se involucrará con las diferentes adicciones tales como juegos, alucinógenos, químicos, deporte, entretención, entre otros.

Explicado lo anterior, resulta necesario aclarar que la sensación de soledad aparece en el momento que la persona siente el distanciamiento y/o ausencia del «objeto» al cual ha desarrollado tal relación dependiente. En ocasiones, sucede cuando los hijos se independizan y se van de la casa familiar; la madre experimentará esa sensación de soledad.

En este caso en particular, los sustitutos, en ocasiones, se sugieren para disminuir los niveles de soledad, ya sea con mascotas, viajes, plantas, actividades sociales, deportivas, etc. El problema de los sustitutos es que pueden tornarse una puerta de escape a la realidad y el riesgo de la aparición de una nueva relación dependiente. Tengo casos donde las madres o abuelas se han refugiado en demasía en sus sustitutos, generando grados de dependencia severos con sus plantas, mascotas y/u otras actividades, al extremo de poseer un profundo «cariño» por el «objeto», y también se expresa en la cantidad del «objeto».

Los cuadros depresivos son comunes en estos episodios de sensaciones de soledad. Las personas se van sintiendo cada vez más solas, más olvidadas, menos amadas, menos valoradas y aparece el fenómeno del *ser invisible*. Este término se ocupa para referirse a la sensación que experimenta la persona cuando un otro no nota su presencia, su trabajo, su labor, su función, su cariño, su entrega, su sacrificio. Este fenómeno se da bastante en relaciones sentimentales, y es muy común ver que el hombre provoque tales sensaciones en su pareja. Y aquí hay bastante que exponer.

El hombre, estructuralmente, está diseñado para sistemas prácticos y metas definidas. En cambio, la mujer está diseñada para los detalles y la organización. Por lo tanto, sin ánimo de dejarme sesgar por mi condición de macho, trataré de explicar la sensación de soledad que experimenta una gran mayoría de mujeres debido a nuestra inoperancia, ineficiencia, e ineptitud como varones.

Nosotros, hombres, apreciamos desde nuestro enfoque visual; es decir, necesitamos ver, palpar, buscar lo tangible para comprobar y verificar lo que deseamos. Por ejemplo, si necesitamos comprarnos un pantalón, buscamos un determinado color, diseño y talla, y lo compramos. Por lo general, quedamos satisfechos con la compra por la sencilla razón de que nuestra practicidad nos otorga la meta cumplida: la compra de un pantalón. Por otro lado, la mujer, en el mismo ejemplo de la compra de un pantalón, buscará la tienda en primer lugar. Ya encontrada y seleccionada la tienda, buscará la sección del tipo de pantalón que desea. En la sección, buscará todos los colores de su preferencia y seleccionará el color. Del color seleccionado, buscará el diseño. Buscará la marca. Buscará la talla. Buscará la textura. Buscará y seguirá buscando. Se probará uno. Se probará otro. Y otro más. Todo esto se debe a su estructura detallista y organizada. En la medida que se va probando prendas, su pensamiento se irá definiendo con el tipo de blusa, polera o bléiser que le haga juego y no desentonar ni con el color, ni en el diseño. Suma, en su esquema mental, el calzado que le servirá para combinar el pantalón escogido. Y así organiza su compra del pantalón.

Este ejemplo es para graficar que no es complejidad ni problemática, sino un tema de detalle y organización. Por consiguiente, muchas de ellas, al momento de estar escogiendo el color, están pensando en la blusa y en los zapatos que combinan.

Aclarado el concepto de estructura femenina, cuando el hombre desatiende esa área de su pareja, la del detalle y organización, es cuando la relación inicia procesos descendentes negativos. En terapia es muy común encontrar hombres que han perdido interés en su mujer porque han engordado, han envejecido, han «cambiado». Las mujeres han perdido interés en su hombre porque han dejado de ser románticos, limpios, caballeros, trabajadores.

Tal desinterés desencadenará una suerte de diversas reacciones. En general, el hombre que siente que su mujer «ya no es la misma», busca revertir la situación con sexualidad, con adquisición de joyas o cosas materiales, o con maltrato denostativo, incluso agresión, con infidelidad o refugiándose en su trabajo. Algunos recurren al alcohol y/o al deporte como vía de escape. Son mínimos los casos en los cuales los hombres deciden pedir ayuda para sus problemas de pareja, porque en su mente es signo de debilidad y no poseen la capacidad de mirarse a sí mismos. Por lo tanto, la mayoría de las veces culparán a la pareja, a la familia de la pareja, al trabajo, a los hijos, entre otros. Todo menos encontrar que él es el mayor responsable.

La mujer que siente que su hombre «ya no la ama como antes» pondrá su mirada en sí misma; se culpará no solo porque el hombre lo hace, sino porque encontrará, de manera errada, razones de peso para avalar y justificar el abandono de la pareja.

Y aquí llegamos a la sensación de soledad que experimentan algunas personas, que es una sensación de abandono, de desapego. No sentirse amada ni valorada provoca un vacío emocional considerable, al punto de ocasionar cuadros depresivos, destrozo de la autoestima y aniquilación de su autoconcepto.

Muchas personas sustituyen la sensación de soledad comprando de forma compulsiva, sobre todo ropa. No es raro encontrar personas viajando constantemente para evitar la sensación de soledad. Algunas recurren a la religión como alternativa de solución. Otras personas adquieren un amor y apego excesivo a las mascotas y/o a las plantas. Algunas pueden cambiar su orientación sexual. En cualquiera de los casos mencionados, se aprecia una notoria inclinación a lo excesivo; es decir, exceso de compras, exceso de viajes, fanatismo religioso, número excesivo de mascotas, adicción sexual. Por ello, el común denominador de las personas que ejercen la prostitución es el de la soledad e inestabilidad.

Ahora bien, la sensación de soledad no solo guarda relación con los apegos, sino también con los eventos sucedidos durante la etapa escolar. Es decir, existe la automarginación; la decisión de llevar una vida más solitaria, más bajo perfil, a raíz de que las relaciones sociales que no fueron del todo exitosas o, en el peor de los casos, las personas fueron víctimas de continuas burlas y agresiones por parte de su grupo de pares, quizás ridiculizados/as al punto de provocar el distanciamiento y aislamiento del grupo.

En este punto, la relevancia del trabajo y aporte de los educadores de primer ciclo, y los profesores de enseñanza básica, es fundamental. Las y los educadores pasan a ser las segundas mamás y los segundos padres de los estudiantes, y su enseñanza es primordial debido a la significancia de los primeros aprendizajes. Es en este instante de sus vidas donde se encuentran con sus semejantes, el llamado primer «roce social». Aprenden el concepto de aceptación, valoración y compartir con otro.

Los profesores de primer y segundo nivel deben reforzar el trabajo grupal, la convivencia armoniosa y el sentido de pertenencia de los estudiantes para lograr que su emocionalidad se desarrolle de forma sana y equilibrada. Y expreso el término 'reforzar', puesto que son los padres los responsables de sembrar sentido de pertenencia, unidad, compañía, grupalidad en el aparato mental de sus hijos/as.

Es lamentable notar que hay familias que no comparten con sus parientes; incluso, existe una notoria enemistad entre grupos familiares, ya sea por rencillas que han arrastrado por años, o por disputas económicas y materiales que son traspasadas al aprendizaje de los niños, quienes van asimilando y normalizando tales conductas. No olviden que el amor es aprendido, así como el odio y el rechazo. En ocasiones, los hijos rechazarán y odiarán a quienes sus padres expresen odio y rechazo. Así que atención con las exposiciones que vivencian nuestros/as hijos/as.

Y menciono la idea del sentido de pertenencia y la idea de las dinámicas familiares por la sencilla razón de que están relacionadas con la barrera de la sensación de soledad, puesto que la ecuación se da de la siguiente forma: a mayor sentido de pertenencia, menor nivel de sensación de soledad; a menor sentido de pertenencia, mayor nivel de sensación de soledad.

Las personas, como dije con anterioridad, somos seres sociales, y de manera inconsciente buscaremos pertenecer a alguien o a algo. Tal idea nos muestra el concepto de posesión también; es decir, «mi» pareja, «mi» equipo, «mi» hijo/a, «mi» padre/madre… Por lo tanto, cada vez que haya en nuestro interior la sensación de que somos y de que pertenecemos a tal persona, grupo, familia, lugar, etc., disminuirá nuestra sensación de soledad. Esto no quiere decir que, en ocasiones, no aparezcan esas sensaciones de que no «encajamos» en algún lugar, pensamiento, idea, planteamiento o grupo social, ya que esto habla de los intereses, gustos, inclinaciones y tendencias que poseemos como seres individuales; y no necesariamente quiere decir que debamos sentirnos solos o solas.

En conclusión, la barrera de la sensación de soledad es materia que debe ser tratada en sesiones terapéuticas. Lo que se debe buscar conocer, en primer lugar, es la intensidad y frecuencia de la o las sensaciones de soledad, para luego abocarse a indagar y descubrir posibles brotes y momento de aparición y sus posibles causas.

Luego de que se tenga tal información, dependerá de la corriente psicológica del terapeuta con el que se trabajará este tipo de anomalía. Como es una anomalía a nivel emocional y de sensaciones, se debe partir desde tales áreas.

Así que la sugerencia es la siguiente: si usted está viviendo sensaciones de soledad, aunque sean leves y no obstaculicen su rutina, debe asistir a consultar por algún tipo de tratamiento psicológico y reparar esa área. Puesto que, como la gran mayoría de los eventos anómalos, tienen alta probabilidad de agravarse con consecuencias lamentables, como lo son los cuadros depresivos o algún tipo de depresión.

Estos últimos, ya sea un cuadro depresivo o el trastorno psicológico de la depresión como tal, podrían desembocar en altas probabilidades de suicidio.

# Barrera de las prioridades

Es de conocimiento popular que la vida se construye con base en intereses y prioridades. Es decir, vamos ordenando nuestra vida basándonos en las prioridades en función de lo que consideramos más importante o menos importante. Y me gustaría ahondar un poco en esta idea puesto que, en clínica, me he encontrado con fenómenos bastante perjudiciales respecto a este hecho: no tenemos demasiada capacidad para priorizar nuestros intereses, tendencias, gustos, y vida en general. Por ende, acarreamos, de manera irresponsable, consecuencias que desembocan en problemáticas a nuestra existencia.

Cuando hablamos de prioridades, nos referimos a un ordenamiento ficticio de inclinaciones para darle un lugar de importancia. Por ejemplo: en el reino animal salvaje, la prioridad principal es la sobrevivencia y la prioridad secundaria es la subsistencia. En el reino humano, las prioridades van a variar dependiendo de diversos factores.

Recuerdo que, cuando pequeño, mis padres me inculcaban la idea de que mi única obligación era estudiar y sacarme buenas notas. Por supuesto, agradezco a la vida los padres que tengo, ya que hay realidades diametralmente opuestas a la vivencia que yo tuve cuando niño. Por ejemplo, la realidad del niño-hombre que debe estudiar y trabajar, la realidad de la niña-mujer que debe estudiar y cuidar de sus hermanos menores, la realidad de los niños de instituciones infantiles, la realidad de niños de familias en situaciones de calle o de campamentos, la realidad de los niños en familias sesgadas por el narcotráfico o por la delincuencia.

Entonces, el primer factor de incidencia de las prioridades es el tipo de vida del grupo familiar. ¿Qué tipo de vida tiene usted? Me refiero al estilo de crianza que tuvo o que tiene con sus hijos e hijas. Hay familias que priorizan el estudio universitario como fin o como meta. Otras familias priorizan la preparación de los hijos para el negocio familiar, legal o ilegal. Otras priorizan la búsqueda de un mejor estatus socioeconómico. Otras priorizan la sobrevivencia y subsistencia. Y así existen muchísimos ejemplos de prioridades familiares.

Este tipo de prioridad será negativa en la medida que presente características obstaculizadoras al desarrollo del infante. En otras palabras, un estilo de vida delictivo es una prioridad negativa. Que, si bien es cierto, otorga beneficios económicos sustentables, también implica riesgos y daños bastante considerables.

En relación a este tipo de prioridad, es desgastador el trabajo que debe ejecutar el profesional psicólogo comunitario, tanto desde las políticas públicas, como desde la legislación, y desde su intervención psicoeducativa clínica para lograr obtener resultados que sean alentadores. Es necesario entender que, planificar una intervención a un grupo familiar de tales características, es muy complejo por el contexto de riesgo, por la resistencia que se presenta y por el disminuido respaldo que hay por parte de instituciones estatales y privadas.

Aunque es un discurso aprendido por parte de las figuras políticas en relación a la delincuencia y narcotráfico, la realidad es muy diferente, porque el enfoque no es el adecuado. Es decir, se quiere solucionar el tema de la infancia a través de un enfoque reactivo, con instituciones infantiles (Sename), pero no se frena la procreación irresponsable. No se legisla en dirección al abandono familiar, a la violencia familiar, al maltrato. No se legisla en dirección a la sexualidad, a la educación sexual, al uso de anticonceptivos, sino que nuestro enfoque sigue siendo reactivo: el aborto.

He visto bastante daño en las relaciones de pareja en cuanto a las prioridades que tienen cada uno en particular, de forma individual. Es decir, cuando no se alinean o no hay un acuerdo, la individualidad será un obstáculo para lograr la armonía y el avance y, por ende, el alcance de metas. Por supuesto que las diferencias van a existir; lo que no se debe permitir es que esas diferencias dividan, debiliten o distancien a los involucrados.

Es común ver que las parejas posean prioridades, tales como casarse, tener una casa donde vivir, un auto para pasear, tener hijos, tener mascota, solo por nombrar algunas. Sin embargo, se deben establecer prioridades principales y prioridades secundarias, para evitar lo que yo denomino «fugas de energía».

Las fugas de energía son aquellas eventualidades o sucesos que, producto de nuestras decisiones, nos demandan tiempo y energía. Por lo general, son eventos que desgastan y agotan. Y, en muchas ocasiones, son temas que con una buena conversación se logran solucionar. No obstante, las personas tendemos al enojo y no al diálogo o al debate, o a la discusión pacífica.

Las relaciones sexuales, el dinero, los límites familiares, son algunas de las fugas de energía que, si no son planteadas o intervenidas, pasan a ser una anomalía de alto riesgo para la pareja. En realidad, las dinámicas familiares son bastante diversas y similares a la vez. Por esa razón, no existe fórmula mágica que podamos tener para asegurar el éxito.

## Relaciones sexuales

Las relaciones sexuales son una fuga de energía cuando no se establecen como una dinámica de expresión de amor y entrega;

cuando no se entregan por motivos de enojo o falta de cariño, cuando son obligadas y realizadas en un contexto de violencia. La mujer tendrá relaciones sexuales satisfactorias en la medida que se sienta amada, valorada, admirada y, por supuesto, excitada. El hombre tendrá relaciones sexuales satisfactorias en la medida que se sienta admirado y elogiado, y, por supuesto, cuando genere una adecuada erección.

El lado femenino es mucho más complejo que el lado masculino. Lo femenino buscará amor y cariño. Lo masculino buscará excitación/erección. El lado femenino es emocional. El lado masculino es autosatisfacción. En este sentido, los hombres tenemos tanto que aprender, sobre todo a enfocarnos en entregar placer antes que recibir o sentir placer. Aprender a entregar caricias, preparar un ambiente placentero para ellas, a expresar amor, contención, admiración, respeto…

Cuando el hombre aprenda a poner como prioridad principal el entregar placer y dejar su propio egoísmo fuera del campo amatorio, créanme que el porcentaje de mujeres insatisfechas disminuirá de manera considerable. He tenido muchas parejas en las cuales las prioridades sexuales son motivo de probables separaciones. Cuando la mujer deja de intimar con su pareja por dar prioridad a sus hijos, cuando el hombre deja de intimar con su pareja por dar prioridad a su trabajo, cuando la mujer deja de intimar con su pareja porque el hombre no ha aprendido a excitarla y provocar una adecuada lubricación y, por lo tanto, la relación sexual es dolorosa y agobiante. Cuando el hombre deja de intimar con su pareja porque su sobrepeso le incomoda, siendo que el hombre, muchas veces, engorda tanto o más que la mujer. Y así, otros motivos que van disminuyendo sus encuentros íntimos.

Me he encontrado con demasiadas situaciones en este tema; por esto, pienso que somos tan ignorantes. Y tal ignorancia provoca insatisfacción, infidelidades, agresiones y separaciones. Ignorar que la mujer necesita de la emocionalidad para una relación sexual satisfactoria; ignorar que el hombre será provocado por su área visual; ignorar que a la mujer gusta de hablar posintimidad. Ignorar que la penetración no es lo principal ni el objetivo de una relación sexual; ignorar que hay partes del cuerpo que tienen apertura al deseo; ignorar que las caricias son importantes y muy necesarias; ignorar que los tiempos y las pausas son esenciales. Ignorar que la intimidad sexual es fundamental para una sana relación de pareja. Ignorar los preservativos, anticonceptivos, tratamientos y cuidados como la higiene y limpieza. La existencia de tantos tabúes y falsas creencias en esta materia.

Aquí aparecerán, con alta probabilidad, las problemáticas físicas, emocionales, y algunos traumas que deben ser intervenidos por profesionales competentes: psicólogos, sexólogos, nutricionistas, ginecólogos, entre otros.

La apariencia física y la autopercepción es una temática de intervención terapéutica. Muchas personas con autoestima destrozada tendrán dificultad para disfrutar la plenitud y placer de una relación sexual. Ahí la importancia del diálogo antes, durante y después de la intimidad. «Te amo», «te ves y eres hermosa/o», «me gustas», deberían ser frases cotidianas, pero con gran sentido de significancia afectiva por parte de ambos.

Las personas que han sido vulneradas sexualmente también tendrán dificultad para el disfrute íntimo. Las terapias son importantes para este tipo de eventos. Por lo general, es necesario intervenir de manera sistémica; es decir, a la pareja, para guiarlos en la construcción de un nuevo escenario matrimonial. Incluso, en muchas ocasiones, se les dificulta en varios aspectos por sentimientos de culpa, constancia afectiva, recuerdos dolorosos, bloqueos de imágenes y sensaciones diversas.

Sea cual sea el motivo de la insatisfacción sexual, se sugiere la asistencia a una consulta psicológica para determinar causas, tratamientos y posibles derivaciones a profesionales del área. Sé que para muchos/as es un tema difícil de abordar, enfrentar, y dejarse intervenir, ya sea por vergüenza, timidez o tabú, no obstante, las ventajas y probabilidades de superación son altísimas.

## El dinero

El presupuesto familiar es otro punto de fuga de energía, debido a que las prioridades están mal distribuidas. Lo primero que se debe regular es quién manejará el dinero, dependiendo de cuántas son las entradas de dinero. Si trabajan ambos, quién y cómo lo distribuirá. En lo personal, siempre sugiero que sea la persona que mejor se maneje con el conocimiento de los gastos y sea ordenado/a y planificado/a. Será fundamental una planificación financiera para evitar gastos innecesarios. Saber y conocer cuáles son los objetivos y metas. Si van a tener una cuenta de ahorro, una cuenta para la vivienda, una cuenta de estudios, una cuenta para la vejez u otra forma de ahorro.

Lo importante de esto, más allá de todo, es que se evite el endeudamiento al gastar más de lo que se gana. En este aspecto, ayuda bastante una adecuada planificación financiera. Es decir, priorizar gastos y/o salidas de dinero. Uno de los motivos de sobreendeudamiento es la falta de prioridades en la economía familiar. Siempre se sugiere la estrategia de cotización antes de efectuar una compra, sobre todo de bienes de alto precio.

Insisto con la idea de que cada pareja es individual y que no hay recetas ni fórmulas mágicas. Lo que funciona para unos, no funciona para otros. Cada pareja debe buscar su propia y particular metodología de planificación financiera, de acuerdo a sus objetivos y metas. Algunos invertirán y priorizarán en estudios, otros en viajes, otros en futuros emprendimientos, otros en bienes, otros en recursos, otros en ahorros.

Es posible que se les dificulte ponerse de acuerdo en cuanto a las prioridades financieras; sin embargo, deben buscar puntos de encuentro y de común beneficio. A algunos les costará surgir, a otros no. A algunos les costará invertir, a otros no. Y eso es lo fascinante de nuestra humanidad y sociedad: la multiforme creación de individualidades.

Aquí aparecerán, con mucha probabilidad, algunos trastornos y la sintomatología de estos. Es decir, los rasgos de materialismo, de tacañería, de ser despilfarrador; los rasgos de acumulación compulsiva, los rasgos de algún tipo de manía, y la existencia de algún tipo de síndrome psicológico.

Todos los trastornos y/o situaciones que afecten la cotidianidad de la pareja o de una persona en su individualidad son meritorios de un tratamiento psicológico. Por ello, se sugiere que los conflictos de la naturaleza económica/financiera sean intervenidos por un terapeuta, para establecer de manera adecuada las prioridades y ordenar su economía. Y no digo esto en el sentido de que los psicólogos seamos expertos economistas, sino que las complejidades que genera el presupuesto familiar son tema de intervención del área psicológica.

He sido testigo de las incoherencias humanas que presentamos las personas en relación a las prioridades de inversión. Por ejemplo, si nuestra individualidad pone como prioridad nuestra autoestima y apariencia, entonces no será dificultoso invertir en gastos de ropa, cosméticos, maquillaje, estilistas y belleza en general. Si nuestra individualidad pone como prioridad nuestro enriquecimiento interior y salud mental, entonces resultará adecuado invertir en terapeutas y tratamientos psicológicos, o alguna otra disciplina alternativa.

Y la incoherencia está dada en la valorización que le damos a las cosas en general. Dicho de otro modo, he visto personas invertir dinero en un *balayage* (técnica de coloración del cabello) y, por lo tanto, priorizar su aspecto externo físico. Prioridad que está dentro de lo esperable. No obstante, se deja en última opción su salud mental y emocional, que es muy importante también. Lo uno no descarta lo otro.

He observado también, dentro del contexto de incoherencias humanas, cómo priorizamos tantos objetos, tantas pasiones, tantas conductas en general, sobre lo importante. Padres olvidando su prioridad parental, parejas olvidando su prioridad amatoria, hijos olvidando su prioridad de agradecimiento a sus padres. Empleadores olvidando su prioridad de dar dignidad y bienestar a sus empleados, empleados olvidando su prioridad de lealtad y honestidad laboral. Madres priorizando a sus parejas por sobre sus hijos/as. Educadores olvidando su prioridad de ética profesional, estudiantes olvidando su prioridad de aprendizaje y olvidando el respeto hacia sus profesores. Y podría seguir; sin embargo, creo que cada uno de ustedes, lectores, tienen su propia impresión acerca de las incoherencias en nuestras prioridades.

Por consiguiente, es de suma urgencia el ordenamiento de estas para el adecuado funcionamiento de nuestra vida. Cabe destacar que, si no logra realizar el análisis y ordenamiento de sus prioridades, se hace necesaria la ayuda terapéutica para direccionarlas con eficacia y eficiencia.

## Límites familiares

En última instancia, los límites familiares son considerados fugas de energía por la sencilla razón de que generan una variedad de conflictos personales, familiares y de pareja.

Cuando hablamos de límites familiares, para esta ocasión, me referiré al establecimiento de «rayado de cancha» para delimitar el accionar conductual, la responsabilidad y el rol/función de cada integrante del sistema familiar.

Es decir, una familia nuclear, madre, padre y dos hijos viviendo con los padres (suegros) de uno de ellos. En este caso, se hace necesario establecer los roles y funciones de cada uno de forma clara, así como evitar órdenes contrapuestas. En este ejemplo, muchas veces ocurre que la orden de la madre hacia su hijo/a es minimizada por la abuela, o por el padre. En el orden de las prioridades, se deben establecer las funciones de los adultos para evitar confusiones en los infantes y, sobre todo, evitar que ascienda el sentido de manipulación que tenemos los seres humanos.

Este sentido de manipulación será exacerbado en la medida que no existan límites familiares bien definidos en la niñez. Un niño con su sentido de manipulación descontrolado será un potencial manipulador de sus profesores, de sus parejas sentimentales, de sus compañeros y amistades, de todo el mundo. Es por esto que es de gran importancia un acuerdo por parte de todos los adultos del grupo familiar para establecer formas, estilos y pautas de crianza, para procurar disminuir el sentido de manipulación de los infantes.

Lamentablemente, no haber tenido adecuados límites familiares y restricciones definidas desemboca en seres humanos que buscarán la manipulación como arma y estrategia para lograr sus objetivos, ya sea a través de la amenaza o la victimización. Por lo general, el hombre manipulador usará la amenaza; y la mujer, la victimización como instrumento para conseguir lo que quiere.

Siempre se sugiere que los adultos responsables adopten roles de forma mutua; en otras palabras, si la mujer madre es la que impone la reglas y el hombre padre el que consiente, entonces se cambien los roles por un tiempo, donde la madre sea la que consienta y el padre sea quien imponga las reglas. Esta sugerencia se realiza explicando que los infantes, en general, funcionan con un pensamiento mágico y abstracto, y verán al «adulto consentidor» como el héroe de la película, y a quien imponga las reglas como el «villano». Por supuesto, en su etapa narcisista, ellos son los protagonistas de la película.

Por esta y otras causas y motivos, es recomendable recurrir a consulta psicológica para ser direccionados de manera correcta en sus funciones parentales y evitar errores que, a mediano y largo plazo, resultan perjudiciales.

Por otro lado, en relación a la individualidad de las personas, he sido testigo de la incoherencia humana para otorgar prioridades con diligencia y responsabilidad a sus gastos. No necesariamente del orden monetario, sino también me refiero a otros gastos, también llamados desgastes.

El desgaste físico, ya sea por exceso de trabajo, en el sentido del esfuerzo físico de las labores extenuantes, de los extensos turnos, etc. que provocan un gasto de energía, ocasionando un desmedro de la misma, con la consecuente inversión de tiempo que se debería ocupar en la familia, en la recreación, en el esparcimiento.

¿Cuántas veces ha llegado usted a su hogar con la sola idea en su mente de querer descansar (idea muy entendible, por cierto) y, por lo tanto, la pareja, los/as hijos/as, la responsabilidad doméstica pasan a tercer plano, al punto de ignorar y descuidar su rol dentro del grupo familiar? Y el argumento, válido, pero sin respaldo en su contexto de prioridades: «Es mi trabajo».

El desgaste emocional también es recurrente en las eventualidades laborales; por ende, consecuencial de afecciones en la barrera de las prioridades. Es decir, un trabajo que lo gasta física, emocional y psicológicamente debería considerarlo como un agente de riesgo para sí mismo y para su familia. Y, por lo tanto, una excelente oportunidad para tomar la decisión de recibir ayuda profesional en este sentido.

# Barrera de los fantasmas sentimentales

Esta barrera se da en la gran mayoría de los seres humanos, ya que es muy reducido el número de personas que tienen, o han tenido, una única relación sentimental en sus vidas. Por esto, es inevitable desligarse de las experiencias afectivas pasadas por voluntad o iniciativa propia, en ello contribuye la intervención terapéutica.

El área emocional de las personas es un espacio y un universo que aún falta mucho por estudiar, descubrir y conocer. No obstante, trataré de entablar algunos puntos importantes para ayudarles a deshacer o sobrellevar, de manera adecuada, los fantasmas sentimentales.

Lo primero que es necesario entender es lo siguiente: ¿qué son los fantasmas sentimentales? Es un término para referirse a los recuerdos de la o las anteriores relaciones de pareja que hemos tenido y que repercuten en nuestra relación actual y obstaculizan el bienestar de nuestro presente.

Es muy recurrente encontrar en terapias de pareja este tipo de fenómenos, ya que, en la actualidad, es bastante común la creación de relaciones a corto y mediano plazo, aunque hay casos de relaciones sentimentales a largo plazo; es decir, personas que se separan/divorcian después de muchos años juntos, por diferentes razones.

Es importante aclarar que, por razones que son largas de exponer y que nos desviarían del tema de los fantasmas sentimentales, no es posible compartir la variedad de motivos por los cuales las personas deciden terminar una relación y comenzar otra.

Uno de los primeros errores y consecuencias desastrosas para la estabilidad emocional de la pareja es que los protagonistas, ambos, *no* hayan invertido tiempos de duelo postérmino de la relación. En otras palabras, no se dan el tiempo para el proceso que permite vivenciar la ruptura, reconstrucción y aprendizaje de la separación/divorcio. Y es justo por este punto que las apariciones de los fantasmas sentimentales suelen ser mucho más recurrentes.

La persona que ha terminado una relación sentimental, sea por decisión propia, de ambos o de la contraparte, experimentará un sinnúmero de emociones, pasando por la rabia, desilusión, ira, enojo, odio (quizás); decepción, venganza, rencor, victimización, culpabilidad hacia el otro, y hacia sí mismo, autocompasión; puede que algún cuadro depresivo, descarga de su emocionalidad, ya sea con insultos, desprestigiar, negar visitas a los/as hijos/as, demandas judiciales y otras tantas situaciones con altísimo desgaste emocional para ambas partes.

Debido a esta vorágine emocional, las personas se mostrarán en un estado mucho más vulnerable que en otras situaciones. Y tal vulnerabilidad emocional será muy mala consejera para decidir estar con otra persona. La hipersensibilidad será una característica en este período y las palabras, acciones y muestras afectivas tendrán una connotación y relevancia diferente a las comunes y en otros contextos situacionales.

Bajo ningún aspecto y condición es recomendable iniciar una nueva relación sentimental cuando no se ha tomado el debido proceso de ruptura, reconstrucción y aprendizaje de la relación vivida. Se sugiere realizar este proceso bajo la supervisión de un/a profesional psicólogo/a, por la complejidad emocional y la sencilla razón de que jugar con nuestros sentimientos y emociones es una causa que puede generar varios de los trastornos que hoy se dan en terapias psicológicas.

Cuando se habla del proceso de ruptura, reconstrucción y aprendizaje, se refiere a lo siguiente:

## a) Ruptura

La persona decide poner término a la relación sentimental. Tal decisión, se puede dar por una de las dos partes o de ambos. El rompimiento de la relación estará cargado de emociones fuertes y, en ocasiones, con apariciones de traumas o breves episodios psicóticos, incluso. Se darán situaciones y contextos diferentes en su forma y en el fondo. Es decir, las partes actuarán dentro de la diversidad conductual que se pueden imaginar. Es posible que no siempre se dé en casos de tal envergadura, sino que también hay casos pacíficos, sin mayores incidencias emocionales.

Las rupturas se pueden dar por desgaste de la convivencia, pololeo y de la relación en general. Los avisos *a priori* son significativos: las ausencias, los cambios conductuales, el distanciamiento físico y emocional, la falta de comunicación, la rutina, los silencios, la evitación, las adicciones, las mentiras, los insultos, las agresiones y un largo etcétera.

Se pueden dar por infidelidades. Los avisos *a priori* son también relevantes: los cambios de rutina horaria, las mentiras, las salidas, los cambios de humor, la evitación, el distanciamiento físico, emocional y sexual, las denostaciones y humillaciones, las agresiones, aumento de viajes de trabajo. En este aspecto, es llamativo, el sexto sentido: la sensación de que algo raro está pasando, excepto cuando son solo alucinaciones producto del trastorno celópata o celopático.

La ruptura se puede dar por ausencia de motivaciones, es decir, ya no hay una motivación importante que los mantenga unidos. Este motivo se da cuando, por ejemplo, los hijos ya se han independizado y no hay razón por la cual estar juntos.

Se pueden dar por cambios de posturas, ya sea religiosas, políticas, culturales, filosóficas y de otra índole.

Se pueden dar por motivos laborales. El exceso de trabajo, la distancia física producto del lugar y del horario/turno laboral; el agotamiento físico y mental, producto de los constantes viajes. El tipo de función laboral, la disminuida participación en la crianza, quehaceres del hogar, aporte económico, entre otros.

Y, por último, se pueden dar por motivos familiares. La invasión de familiares, la influencia negativa y la participación nociva de estos externos al final va menguando la buena relación de la pareja. Padres, hermanos/as, parientes invasivos, en general, son más bien un factor negativo en la relación. Su presencia y propósito es apoyar a la pareja, no lo opuesto.

## b) Reconstrucción

Esta etapa del proceso de duelo sentimental se refiere a la forma en que la persona va a considerar levantar su edificio emocional *a posteriori* del derrumbe emocional causado por la separación/divorcio. Esta etapa hace referencia a las acciones que asemejan a la jerga en construcción, donde el edificio se derrumba y es necesario sacar los escombros y comenzar a construir un nuevo edificio. Lastimosamente, muchas personas comienzan una nueva relación sin haber sacado los «escombros» de la relación anterior, y esta es la principal causa de fracaso. Es imposible construir una relación sólida sin haber realizado la acción de sacar todos los escombros de forma exhaustiva y detallista, para lograr tener el corazón despejado y reconstruir esta nueva relación.

La reconstrucción, una vez realizada la operación de retiro de escombros de mi anterior derrumbe emocional; es decir, de haber llorado, lamentado, enojado, airado, y haber sacado todo lo que había en mi corazón, una descarga absoluta y total, entonces y solo entonces estaré capacitado/a para iniciar una nueva relación: una construcción de una relación de pareja.

Se construye, con paciencia, tiempo y dedicación. Sin apuros, sin prisas, sin presiones, sin obligaciones, sin rencores ni resentimientos. En caso contrario, se afectará a la nueva relación con los fantasmas sentimentales.

## c) Aprendizaje

Si bien es cierto las etapas anteriores (ruptura y reconstrucción) son importantes y necesarias, considero esta etapa del aprendizaje, en particular, crucial para determinar y asegurar el éxito de mi nueva relación. Cabe destacar que no existen fórmulas mágicas que garanticen el éxito total en una relación sentimental, puesto que confluyen varios factores que no se pueden controlar en su totalidad. No obstante, sí hay mayores probabilidades de mantener el bienestar y la felicidad de la relación amorosa.

Este paso (aprendizaje) es, por lo general, obviado, olvidado y descartado por la gran mayoría de las personas que han iniciado nuevas relaciones de pareja. Y aquí sucede un fenómeno que, en psicología, se le llama «repitencia de patrones». Se refiere a la acción conductual de repetir ciertos comportamientos relacionales y que conllevan al fracaso, porque, coloquialmente, se tropieza con la misma piedra.

Es como cuando aparece la frase típica de «Me enamoro siempre de puros pasteles». Y la realidad es que la repitencia de patrones conductuales siempre va a atraer al mismo perfil de personas que causan los mismos efectos dañinos en nuestro interior. Esa es la razón por la que cometemos los mismos errores y no logramos superar nuestros fracasos sentimentales, por la que los fantasmas sentimentales nos persiguen a diario. Nos cuesta trabajo deshacernos de nuestras viejas costumbres.

El llamado y la sugerencia apremiante es al análisis, a apartar tiempo para la reflexión. Muy pocas veces se puede lograr tal análisis de forma individual, y necesitamos a otro que nos oriente. Ahora, si este otro es un/a profesional psicólogo/a, mucho mejor.

Es imperativo entender que, en cada relación, conducta y/o acción hay una o más repercusiones. Es el ejemplo del fenómeno del «eco». Cada sonido producirá un eco; asimismo, cada acción produce un desencadenamiento de efectos positivos y negativos en el otro. Una palabra bien dicha provocará acercamiento, una palabra mal dicha provocará distanciamiento. Esto es una obviedad que no todas las personas se detienen a observar, analizar y darle la atención e importancia que tiene y representa.

Somos seres, en ocasiones, tan irracionales y no nos hacemos responsables (temática que profundizo en el capítulo de la barrera de la responsabilidad). Causa verdadero estupor observar la cantidad de acciones que ejecutamos a diario sin hacernos responsables de las consecuencias y/o repercusiones de estas. Y por nada logramos sacar aprendizaje de nuestras conductas, errores, debilidades. Nos cuesta un montón aprender a decir que no, a enfrentar las injusticias, a detener los abusos, las agresiones. Validamos tantos comportamientos nocivos para nosotros y para la sociedad en general.

Considero que, si lográramos obtener aprendizaje de nuestros días, de nuestras relaciones, de nuestras funciones como padres/madres, como hijos, como trabajadores, como vecinos, como esposos, y tantas otras, entonces el mejoramiento de nuestras vidas sería bastante significativo.

Nuestras formas de vivir cambiarían bastante si dedicáramos tiempo al análisis, a la reflexión y a procurar cambios positivos en nuestras conductas (en el capítulo de la barrera del tiempo expongo el valor del tiempo en las personas).

Así, luego de que recorremos el proceso de ruptura, reconstrucción y aprendizaje, y lo realizamos con la debida dedicación y con la guía de nuestro/a terapeuta, estaremos aptos y capacitados para abrigar la posibilidad de futuras relaciones sentimentales.

Es cierto que hay personas que optan por permanecer un prolongado período de tiempo solos y solas, acompañados/as de su entorno familiar y social, lo cual es válido. Esta decisión la toman debido al nivel de daño emocional, a los índices de desilusión y desengaños que vivenciaron. A pesar de que comparto esta decisión personal e individual, no en todos los casos se recomienda y se avala tal decisión de soledad sentimental, puesto que, aunque se tenga el afecto de los/as hijos/as, padres, familia en general, y un buen círculo de amistades, somos seres creados con necesidad sexual y afectiva. Tampoco se recomienda por el riesgo de brotes de anomalías en el área emociona; la probabilidad de agentes nocivos producto de la soledad afectiva, de la ausencia de descargas sexuales y de la carencia de lo que en el psicoanálisis se denomina «Eros», que es el instinto de vida que tiene como finalidad la búsqueda del placer, la alimentación de la libido, afecta nuestro desarrollo psicosexual.

Y, en este aspecto, deseo ser categórico en establecer que **nada**, absolutamente nada, va a lograr reemplazar la necesidad del placer sexual. Trataré de ampliar la información, en este sentido, en un nuevo capítulo de un nuevo libro.

Sin embargo, por ahora, podemos sentar las bases biológicas de que el ser humano ha sido creado con necesidades corporales, espirituales y almáticas. Dentro de las necesidades corporales, se encuentran las necesidades sexuales. Y como necesidades, ¡necesitan ser saciadas!

Saciedad que, si no se lleva a efecto, ocasiona algún tipo de trastorno o tendencias anómalas. La inhabilitación o represión sexual, si no es por un adecuado desarrollo del don de abstinencia sexual, bajo ningún aspecto es recomendable, aunque se busquen sustitutos para tal efecto. Los sustitutos abundan: religiosos, meditativos, deportivos, artísticos y un larguísimo etcétera. No obstante, no existe reemplazo para la alimentación de la libido como tal, sino a través del orgasmo y de la eyaculación. Y, de paso, la complementariedad emocional que conlleva.

Por lo tanto, la barrera de los fantasmas sentimentales es posible enfrentarla con asistencia a terapia psicológica. No hay otro modo de resolver esta barrera. Si no lo hace, seguirá dañándose y dañando a otros/as. Seguirá en su círculo vicioso, cometiendo los mismos errores y aumentando la tasa de personas dañadas a nivel emocional.

En consecuencia, si en algún momento usted se ha preguntado por qué ha fracasado en sus relaciones sentimentales, y ha cuestionado su forma de ser y de tratar afectivamente a su pareja, permítame aclararle que el 99,9 % de probabilidades se deba a sus fantasmas sentimentales.

# Barrera de la influencia

Esta barrera estará expuesta desde varias aristas, es decir, la influencia que ejercen las personas hacia otras, sea de manera positiva o negativa; la influencia o poder que tiene o se adjudican las personas sobre otras; la influencia que tienen los medios de comunicación sobre nosotros y, por último, el grado de «influenciabilidad» que poseemos los seres humanos.

Cuando hablamos del concepto influencia, me refiero a la idea de representación simbólica y de imitación conductual que se ejerce sobre nosotros, con o sin nuestro consentimiento, consciente o inconscientemente. Al concepto de especie de dominio de todo tipo que ejerce una persona sobre otra.

Desde que nacemos, hay personas a nuestro alrededor que irán entregándonos información, a través de la cual nosotros iremos adquiriendo aprendizaje: padres, familia, compañeros de colegio, grupo de pares, profesores, entre muchos otros. Por lo tanto, va a depender de nuestros gustos, intereses, inclinaciones, tendencias y atracciones, con las cuales nos iremos identificando más o menos. En otras palabras, nos iremos permitiendo ser influenciados por aquellas personas e ideologías que nos atraigan más. Sean estas a través del arte, música, deporte, u otras disciplinas.

Somos una de las especies que posee mayor tendencia a recibir aprendizaje por imitación, y a identificarnos con aquellas personas que consideramos encajan con nuestro perfil de gustos e intereses. Por esta tendencia, aparecen los seguidores, fans y adeptos a alguna persona, ya sea que se haya destacado en alguna área y/o disciplina. De esta idea es que aparece la moda actual del concepto *influencer*, que son personas que, a través de alguna red social, expresan opiniones en modalidades de videos y que, por sus características propias, van a influenciar a un número de personas determinadas.

El concepto y/o idea de la influencia se enfoca netamente en el seguimiento conductual que vamos teniendo los seres humanos, expresado por la admiración, cariño u otro sentimiento de atracción que nos genera un/a otro/a. Por ejemplo, la influencia que ejerce el padre y la madre sobre sus hijos/as, la que ejerce un deportista sobre sus seguidores, la que ejerce un artista sobre sus fanáticos. Y así un montón de ejemplos que evidencian la idea de la influencia de la cual somos objeto.

Como dije con anterioridad, esta influencia puede ser positiva, pero también puede ser negativa. He tenido casos de influencia muy nociva a través de aprendizajes de agresividad y maltrato humano/animal, donde el adulto ha influenciado al infante de una manera tan dañina que son potenciales agresores *a posteriori*. En esta concepción de la idea de influencia enfocaré la exposición de ciertas anomalías que he visto reflejadas en el diván terapéutico.

Es de carácter imperativo aprender y concientizar acerca de la importancia, relevancia y significancia que tienen las palabras, acciones, actitudes y reacciones de nosotros los adultos para los infantes en formación y desarrollo. Y lo menciono con urgencia, porque debemos hacernos cargo de ello, aunque no parezca importante el aprendizaje valórico y de principios a la generación futura, sí lo es, de manera irrefutable.

Todo, en absoluto, todo lo que decimos y hacemos, será asimilado y aprendido por los infantes. También, en su gran mayoría, comentarán lo que escucharon y asimilaron como aprendizaje. Es decir, los insultos, las denostaciones, las palabras humilladoras hacia otras personas, ya sean profesores, vecinos, familiares. Créanme, van a ser muy bien aprendidas por los infantes que estén escuchando. Es por eso que la influencia es notoria en este tipo de ambientes y casos. Los gustos y estilos de creencias se van adaptando como formas de aprendizaje, dependiendo del nivel de influencia que se ejerza.

El concepto de creencias y de fe religiosa es un aspecto de influencia bastante notoria. El nivel de influencia que ejerce el líder religioso sobre sus feligreses, el nivel de influencia que ejerce el libro sagrado en sus lectores, el nivel de influencia que ejercen los pares que comparten su creencia.

Por otra parte, la influencia que puede llegar a poseer una persona debido a su nivel socioeconómico, a su cargo laboral, o grado jerárquico es importante. Lamentablemente, esta influencia está muy mal utilizada por quienes la ostentan. Si no se usa para beneficio personal y para sus cercanos, al filo de lo ilegal, se usa para pisotear y agredir a quienes se les cruce por delante. Este tipo de influencia se conoce también como influencia de poder.

La influencia de poder tiene como principal característica el síndrome espinita, que se refiere al comportamiento zalamero, patero, quizás hipócrita de parte de los seguidores, adeptos o círculo de admiradores, hacia quienes poseen la influencia, puesto que hay una búsqueda de obtención de algún tipo de beneficio por parte de esta persona, sin necesidad de una genuina amistad o lazo afectivo.

Por supuesto, no se da en todos los casos ni con todas las personas. No obstante, es una conducta bastante recurrente en este tipo de relaciones. Es difícil dilucidar la transparencia y honestidad de los sentimientos de amistad y roce social. Incluso, es común ver que, sobre todo en las relaciones afectivas, se complejiza conocer a cabalidad la sinceridad de sentimientos cuando uno de los/as dos involucrados/as posee tal influencia de poder.

Es bastante común apreciarla ascendida en estatus socioeconómico. También se puede observar en personas con cargos públicos de alta responsabilidad; en ambientes gubernamentales y de política, es cotidiano ver este tipo de influencias. Los conocidos «favores políticos» están cargados de influencia de poder.

En este tipo de influencia aparecen los llamados «pitutos», término que se utiliza para mencionar la influencia de forma coloquial. Cuando una persona ocupa un cargo laboral sin haber pasado por una adecuada selección de personal y sin tener ni el perfil ni las competencias para ocupar tal cargo, entonces se habla de una persona *apitutada*.

Es llamativo observar los altos niveles de influencia que puede llegar a tener una persona sobre otra, al nivel de convertirla en una especie de imitador en potencia. Hay ejemplos variados en relación a este punto, puesto que entra en juego la fragilidad de temperamento/carácter individual y se buscará la «suplantación» como estrategia para vivir una vida con sentido.

Es decir, la persona que no posee una autoestima estable, una personalidad sólida y un carácter fuerte, tiene muchas probabilidades de vivir una vida de imitación hacia su «objeto de endiosamiento». Este fenómeno manifiesta la tendencia que poseemos los seres humanos para elevar a otras personas a un podio de intachabilidad que no corresponde a la realidad.

Este fenómeno se da en algunas relaciones afectivas: padres-hijos/as, profesores/estudiantes, esposos/as, novios/as, ídolos-fans, artista-seguidor, etc. Es notorio apreciar que todos los seres humanos tenemos uno o más objetos/sujetos de influencia.

No olviden que, desde el punto de vista comportamental, se trabaja desde la premisa de que no existe un ser humano sin errores. En otras palabras, todos vamos a cometer imprudencias verbales, actitudinales y de comportamientos en general. Por lo tanto, el tener ese conocimiento otorgará un nivel de expectativa más cercano a la realidad. A mayor expectativa, mayor la probabilidad de desilusión.

Ahora bien, la información que llega a nosotros a través de lo que consumamos, radio, televisión, internet, redes sociales, círculo familiar, laboral, deportivo, cultural, musical u otro, es determinante al momento de «influir» en los consumidores. Aquí aparece el concepto de «publicidad» para generar una influencia a los consumidores, y así adquirir algún producto y/o servicio.

Por lo tanto, los medios de comunicación tienen una enorme capacidad de influencia sobre las personas, positiva y negativamente. La gran mayoría de los medios de comunicación, ya sean escritos, radiales, televisivos o redes sociales, son inconscientes del alcance y repercusiones de la gran influencia que tienen sobre las personas.

He sido testigo de enormes injusticias y de cantidades de casos donde las vidas de las personas han sido destruidas por los medios de comunicación. Y en honor al concepto de justicia, debo decir que también sé de casos donde muchas personas han sido ayudadas por estos mismos medios. Por consiguiente, esa es la inconsecuencia del ser humano expresada en su totalidad: con una mano se ayuda y con la otra se daña.

Es en este punto donde me veo en la obligación ética de manifestar mi sesgo personal en relación a mi postura hacia el actual periodismo que, hoy por hoy, se está llevando a cabo. Personas con debilidades y fortalezas se ven enfrentadas a sus valores y principios ante la disyuntiva de «venderse al sistema». Si bien es cierto, todos y todas nos vemos enfrentados/as, en algún momento de nuestras existencias laborales, a darle la *prioridad* a nuestros valores, principios y éticas, o al sistema viciado de las *noticias sensacionalistas.*

Lastimosamente, la *noticia sensacionalista* es un producto que se vende mejor que el pan recién salido del horno de una panadería. Quizás sea por los índices ascendidos de morbo y curiosidad que poseemos los seres humanos. Quizás sea por los niveles de indolencia y disminuida empatía que nos queda como individuos emocionales. Quizás sea porque han cambiado nuestras tendencias y gustos, y las noticias bondadosas no nos llaman en demasía la atención sino, por el contrario, son más llamativas las noticias del lado oscuro del ser humano. Sea por esta o por otra razón, la verdad es que el periodismo se mueve en pos de la noticia que venda, la noticia que llame la atención, que resalte lo negativo, la noticia del «lado B» de la sociedad; en conclusión, la noticia que «venda».

Insisto que esta exposición es sesgada por mi forma de pensar y por ser uno de aquellos que ha visto muy de cerca los daños emocionales y psicológicos que han provocado los medios de comunicación. También es necesario recalcar que es una opinión bastante personal e individual, y puedo estar errado en mi postura. No obstante, es mi diván el que expresa las experiencias vividas por los y las clientas que han sufrido acosos, persecuciones, mentiras y engaños periodísticos.

Y considero bastante válido expresarlo a través de estas páginas, casi como una especie de catarsis (proceso psicológico de liberación de emociones negativas, mediante la verbalización del o los fenómenos obstaculizantes). Así como considero válidas las diferentes opiniones a la psicología, a mis escritos, a mi persona. Somos un mundo tan diverso y nos hemos vuelto tan intolerantes que es preciso volver a entender que, para coexistir con armonía, es importante la aceptación de nuestras diferencias en el amplio concepto y contexto de la palabra.

Entiendo que, desde lo biológico (y sabido por la mayoría) la naturaleza nos dotó de mayor cantidad auditiva y visual, y menor cantidad verbal. Tiene un propósito definido hacia la obviedad de que no es sano hablar demasiado y oír/ver poco. En numerosas ocasiones, tenemos la nefasta tendencia a expresar nuestra emocionalidad sin tener el filtro adecuado o sin el razonamiento lógico de la repercusión de nuestras verbalizaciones.

En mi libro *Psicologiando barreras*, expresé el dolor que causamos con nuestras palabras. Expliqué que nuestra emocionalidad queda resentida con lo que oímos, sobre todo si dichas palabras vienen de aquellos con los que tenemos lazos afectivos profundos. Es mayor el dolor emocional que causamos al expresar sin analizar el alcance y el verdadero sentido de lo que deseamos expresar.

Aquí nos adentramos a otro punto importante a considerar: las barreras de la comunicación (ampliaré esta idea en el capítulo «Barreras de la comunicación» en el cuarto libro de *Psicologiando barreras*). Cuando no nos hacemos responsables de lo que decimos, cuando no consideramos la importancia del contexto en que se expresan las palabras, cuando le restamos validez a la interpretación del mensaje que queremos entregar, cuando obviamos lo crucial que es la intencionalidad de lo que deseamos manifestar, cuando hay emociones interfiriendo en el mensaje que ha sido recibido; en la importancia del conocimiento de la tríada comunicacional.

En síntesis, los medios de comunicación son importantísimos al momento de influenciar a las masas, a la población, al gentío, a las personas en general. Tal influencia debería ser hacia lo constructivo por encima de lo destructivo. Debería ser hacia la unidad sobre la división. Estar enfocada hacia lo positivo de la noticia sobre lo negativo de esta. Créanme que, si de noticias se trata, existen innumerables que no se muestran, hablan o escriben por la *línea editorial* del medio de comunicación. Se discrimina, de forma errada, el sector político, el credo religioso, el respaldo empresarial, etc.

Estoy consciente de que es una temática compleja de cambiar, por su estructura, por el poder de influencia y por las tendencias de los seres humanos. Es decir, si le decimos a un niño: «No corras, que te puedes caer», este correrá quizás con más fuerza o ganas. Si le decimos a un adulto: «No fume; perjudica su salud», este no se detendrá en su hábito de fumar. Si le decimos a alguien: «Esa persona te hace mal; aléjate», este o esta hará exactamente lo contrario. Esta idea tiene sus excepciones. Sin embargo, la gran mayoría actuamos desde la contrariedad, desde la búsqueda del oposicionismo.

Por último, me gustaría exponer el grado, nivel o índice de «influenciabilidad» que poseemos las personas.

Sin duda, existen diferentes niveles que dependen de varios factores. Por ejemplo, el más importante: el estilo de personalidad, el tipo de autoestima, el grado de vínculo afectivo y la presión sociofamiliar.

Existen varios estilos de personalidad, dependiendo de la corriente psicológica con la cual se trabaje. Cada autor o teórico va a presentar su tesis en relación a la cantidad de personalidades. Para este punto, lo que consideraremos no es la cantidad, sino el nivel de influenciabilidad que poseen algunas personalidades, sin la odiosidad de mencionar algunas para evitar prejuicios o estigmatizaciones.

Si se tiene una personalidad débil o frágil (para un análisis acerca de su tipo de personalidad, recurrir a un psicólogo profesional y no a tests falsos de internet) es mayor la probabilidad, el grado de influenciabilidad que se posea. Por lo general, los que poseen convicciones débiles, ideales disminuidos o dones de liderazgos mínimos, son altamente potenciales agentes influenciables.

No es difícil el autoexamen frente a este punto, puesto que el adulto ya tiene conformada su personalidad, independiente de cuál sea, y los rasgos de la personalidad que se tenga son bastantes visibles. Por lo tanto, observarse y medir cuánta influenciabilidad poseemos no debería representar un reto muy alto para el común de las personas. Es decir, los de personalidad dominante tienen menos influenciabilidad que los de personalidad dominada o débil.

Existen personalidades más propensas a dejarse influenciar. Por ello, el tipo de personalidad es un factor que se considera al momento de medir el grado de influenciabilidad de las personas. Y, como dije anteriormente, por razones de «estigmatización» no mencionaré aquellas que poseen mayores tendencias.

Ahora bien, las personas que tienen una disminuida autoestima serán un blanco fácil para ser influenciadas. El autoconcepto en las personas es una característica que nos permite mirarnos y cuantificar nuestras aptitudes y capacidades. En general, la mirada de las personas con reducida autoestima tenderá a ser bastante negativa y poco valorada. No verá con facilidad sus características positivas; mucho menos sus talentos y dones.

La autoestima es un concepto que nace en la idea de referirnos al valor afectivo que damos a nuestro propio yo; o sea, al valor agregado de lo que somos y lo que podemos llegar a ser, hacer, tener y lograr. Por lo tanto, las personas que presentan una disminuida autoestima también tendrán mayores probabilidades de ser influenciadas por otros/as.

Para esclarecer el paradigma de la autoestima disminuida, cabe destacar que la forma de percibirse frente al mundo frente a otros es netamente tema de nuestra autoestima. Las personas se tornan inseguras, tímidas, se aíslan y se retraen. Optan por la inasistencia a eventos sociales, escasa participación familiar, laboral y social. Muchas de estas personas van alimentando cuadros depresivos, resentimientos hacia la o las personas que le han herido, no se consideran capaces de algún desafío en particular. Se observan con capacidades, habilidades, talentos y dones insuficientes. Sienten que no son merecedoras de ser felices. Incluso, creen que es justo el sufrimiento que están viviendo. Sus estados de ánimo son bastante inestables, al borde de algún trastorno de personalidad.

El grado de vínculo afectivo se refiere a cuánto estimamos al sujeto de influencia. A mayor afecto, mayor grado de influencia; a menor afecto, menor grado de influencia. Y cuando me refiero al vínculo afectivo, incluyo también al nivel de admiración que se le tenga al sujeto de influencia. A mayor admiración, mayor grado de influencia; a menor admiración, menor grado de influencia.

Resulta que, si amamos, queremos, admiramos y estimamos al sujeto de influencia, se abrirá una amplia gama de posibilidades de permanecer influenciados por aquel o aquella persona que hemos denominado como «sujeto de influencia».

Y cuando me refiero a la presión sociofamiliar, es al efecto, quizás intimidante, quizás amenazante, de parte de la sociedad y del grupo familiar a aceptar ciertos patrones conductuales, a causa de una determinada tradición, creencia, estilo o formalidad específica.

En otras palabras, la influencia religiosa que tiene una familia y un grupo social es determinante para hacer sentir una presión emocional y anímica. La influencia o afinidad por alguna práctica, sea deportiva, artística, cultural, etc., es determinante para señalar ciertos comportamientos. La influencia política determina conductas y formas sociales específicas.

Es menester manifestar que la influencia no es nociva hasta que causa desorden en mi cotidianidad, hasta que me genera conflictos, sobre todo existenciales, o del orden de lo emocional. Ser bien influenciados tendría que ser beneficioso, en su gran medida. Que pueda aportar cambios de mejoramiento, tanto cognitivos como conductuales. Si logra estabilidad emocional, si entrega tranquilidad y bienestar. Si me permite ser una mejor persona, en el amplio contexto de la idea, entonces se podría establecer que es una adecuada influencia. Una influencia benéfica.

En cambio, ser mal influenciados no tiene jamás un final feliz, sino, muy por el contrario, entrega un sinnúmero de sinsabores que se podrían evitar. Trabajando desde lo terapéutico, en el grado de influenciabilidad, en el estilo de personalidad, en los apegos y vínculos afectivos, y en la sensación de presión sociofamiliar, se logran avances satisfactorios en un adecuado bienestar personal e individual.

Por lo tanto, permítame ser majadero con la sugerencia de acudir a terapia psicológica para trabajar aspectos negativos en su vida, en su personalidad, así como la barrera de la influencia.

Espero, de todo corazón, que esté siendo bien influenciado a través de estas páginas.

Espero, de todo corazón, que esté entendiendo que las terapias psicológicas no son exclusivamente para atender «locuras».

Espero, de todo corazón, que decida iniciar tratamientos terapéuticos con prontitud.

# Barrera del cansancio

Es inevitable exponer una temática que he visto con demasiada regularidad en las sesiones terapéuticas: el *cansancio*. Este nos aleja de los propósitos, de las metas, de los objetivos, de los proyectos, de la felicidad, del bienestar, del disfrute, y un largo etcétera.

El cansancio, desde lo semántico, se puede entender como una sensación de debilidad física y/o mental que nos impide experimentar impulsos o descargas de energía. También se puede entender como una sensación de agotamiento físico-mental que conlleva falta de entusiasmo y claridad a nivel de pensamiento.

Es cierto que el cansancio es una sensación cotidiana que se enmarca en un ámbito de normalidad, dependiendo del desgaste que se haya tenido. Por ejemplo, desde lo laboral, en el ámbito deportivo, discusiones, convivencias desgastadas, litigios, y muchos otros. No obstante, no es menos cierto también que la sensación de sentirse cansado/a es un proceso corpóreo y del aparato mental bastante recurrente cuando el uso, durante un tiempo prolongado, ha sucedido.

La problemática aparece cuando esa sensación de cansancio permanece, a pesar de haber tenido espacios y lapsos de tiempo de descanso. Por lo general, desde el prisma de la sintomatología, los cuadros depresivos y el trastorno de depresión se caracterizan por presentar ausencia de energía, desgano y falta de vitalidad. Sin embargo, un cansancio permanente y perdurable en el tiempo no representa cuadros depresivos o algún tipo de depresión de forma exclusiva. Realizo esta aclaración porque es posible que se haya encontrado con terapeutas, médicos u otros profesionales de la salud que trabajan desde una mirada reduccionista, y de inmediato asocian el cansancio a cuadros depresivos o algún tipo de depresión. Y, en honor a la transparencia, no siempre surge tal asociación.

Lo primero que debemos puntualizar es que existe un fenómeno llamado somatización. Y se refiere a la experimentación de dolores, malestares, cansancios y otros síntomas físicos, pero que se originan en el área emocional de las personas. Se complejiza el tratamiento médico puesto que, por ejemplo, el dolor de huesos no es necesariamente un tema traumatológico, sino emocional. Las sensaciones de ahogo y taquicardias, no son sintomatología exclusiva para ser intervenida por un cardiólogo, sino por un psicólogo, por nombrar un par de ejemplos puntuales.

En relación a la fenomenología (estudio de fenómenos) se ha confirmado la existencia de diversos problemas físicos con origen emocionales/psicológicos, tales como colon irritable, úlceras, taquicardias, diabetes, cáncer, gastritis, obesidad, tiroides, dermatitis, alergias cutáneas, caída del cabello u alopecia, etc. Resulta evidente que no todos son originados en el área emocional, pero la mayoría son somatizados. Por lo tanto, se sugiere realizarse exámenes exhaustivos para lograr discriminar y determinar con exactitud la anomalía y/o trastorno que se padece.

Las causales del cansancio suelen ser diversas: individuales, familiares, laborales, matrimoniales, sentimentales, afectivas, sociales y espirituales.

## a) Cansancio individual

Se refiere a la sensación de agotamiento, ya sea por la baja autoestima, por el tipo de autoconcepto que se tenga y por la cantidad de logros que se ha tenido. Cuando la persona posee una disminuida autoestima, tiene altas probabilidades de experimentar cansancio de ser como es. Se cansa de ser tan vulnerable, de ser tan sensible, de ser tan emocional; en resumen, un cansancio por lo que cree y piensa que es. El tipo de autoconcepto es también un elemento a considerar al momento de la experimentación de cansancio, puesto que el cómo nos vemos va a determinar la actitud e impronta con la que nos enfrentaremos a la vida en general. Por lo tanto, si nuestra actitud es positiva y poseemos un autoconcepto sano, es muy factible que el nivel de cansancio sea mucho menor. Por otra parte, si la cantidad o la significancia de los logros obtenidos es alta, entonces el esfuerzo se apreciará con otro valor, y el cansancio será mitigado por los logros obtenidos. El nivel de satisfacción por el trabajo realizado y los logros alcanzados suelen apagar las sensaciones de cansancio. En este tipo de cansancio individual, aparecen los sinsabores y complejidades de la vida que van agotando las ansias de vivir. Hay personas que tienen intentos de suicidio en su historial por este tipo de cansancio, ya sea por desilusiones amorosas/afectivas, vidas sin propósito ni sentido y, también, por agresiones físico/emocionales.

## b) Cansancio familiar

Este tipo de cansancio ocurre dentro del núcleo familiar y, muchas veces, se suscita en las formas de dinámicas que se dan en el ambiente familiar. Algunos integrantes sucumben ante los caracteres fuertes y ante las personalidades dominantes, en el sentido de que son aplastadas y comienzan a vivir sus vidas familiares en un verdadero anonimato, en la invisibilidad. Por lo general, se da en grupos familiares numerosos, donde la «unidad» no es notoria en su mayoría. Se da en grupos familiares donde hay notables inclinaciones de preferencia afectiva y de privilegios. Se da en grupos familiares marcados con tendencias machistas, sexistas, racistas, u otro tipo de discriminación que va violentando a uno o más integrantes. Se da en grupos familiares sesgados con la escasez o carencias de algún tipo: afectiva, económica, posibilidades, futuro, etc. Se da en grupos familiares con excesiva inclinación a la competitividad, a un alto nivel de exigencia que termina por provocar alejamiento y, por ende, cansancio. Se da en grupos familiares que tienen como patrón conductual el énfasis en el factor económico y posición social. En grupos familiares donde los progenitores tienen un estilo de crianza con tendencias extremistas, ya sea hacia lo restrictivo y prohibitivo, como hacia lo permisivo y validador negativo. Cabe destacar que lo mencionado es una generalización y no una idea absoluta, puesto que cada persona asumirá roles y características definidas dependiendo de su contexto familiar y perfil de personalidad.

## c) Cansancio laboral

Los ambientes, el clima, la cultura y el contexto laboral son factores a considerar cuando hay que evaluar los niveles de estrés laboral.

Los ambientes laborales pueden ser los espacios tangibles y físicos que tiene una organización; es decir, la construcción, edificio, maquinaria, vestuarios, bodegas. Y también pueden ser la sensación energética que se respira en la organización, aunque en ocasiones se confunde con el clima laboral. Por ejemplo, si la infraestructura es deficiente y poco conservada, eso ocasionará un ambiente negativo. O si los trabajadores no se encuentran satisfechos y cómodos en la organización, va a desembocar en un ambiente de descontento generalizado. Por consiguiente, el ambiente laboral podría ocasionar índices de cansancio en los integrantes de la organización.

El clima laboral da cuenta del tipo de relaciones humanas que se dan en y entre las personas que componen la organización. Según la literatura que se utilice, será la visión con la cual abordarán la temática del clima laboral y sus tipos. Para mejor ilustración de la idea de clima laboral, utilizaré el ejemplo penitenciario. Gendarmes e internos/imputados/presos/reclusos. Este tipo de clima es bastante tenso, de continua rivalidad y niveles de agresividad altísimos. Y, como este ejemplo, existen muchos climas laborales que ocasionan severas sensaciones de cansancio en los/as involucrados/as.

La cultura laboral está determinada por las acciones, valores y creencias de los integrantes de la organización. Cada organización marca su diferencia en comparación con otra, en su cultura; y acá también diferirá según el autor con el cual se trabaje. Para entender mejor este concepto, el ejemplo más clásico es mencionar organizaciones archiconocidas, como The Coca-Cola Company y Falabella. En cada una de ellas existe una cultura diferente, ya sea por el tipo de productos y contexto comercial, por las dinámicas que se manifiestan dentro de ellas, por el perfil laboral de las personas que trabajan en ellas. Y así como el ambiente y el clima son factores que pueden ocasionar cansancio laboral en las personas, el tipo de cultura también es un factor incidente de cansancio. Si bien ambas organizaciones dependen de las ventas de sus productos, en el caso de Coca-Cola, el énfasis está enfocado en su cultura de productividad, y Falabella enfatizará su enfoque en su cultura de atención al cliente. Insisto en que esto no quiere decir que se despreocupen de las otras áreas (ventas, servicio al cliente, producción, logística, capacitaciones, recursos humanos, prevención de riesgos, seguridad, etc.) sino que cada organización determina prioridades y énfasis en algún área o departamento en particular.

El contexto laboral se refiere al rubro de la organización, determinado por el producto y/o servicio que desempeña. Los contextos laborales van a diseñar ciertas particularidades en los integrantes de la organización. Un contexto hotelero tiene ciertas características que definen el tipo de servicio (rubro) que entregan. Así como un contexto vitivinícola tendrá sus propias características, definiendo el tipo de producto (rubro) que ofrece al mercado interno o externo. Ahora bien, cada contexto tendrá sus propias exigencias y presiones sobre los involucrados, y estas, a su vez, de manera directa o indirecta, inciden positiva y negativamente en las personas. Por lo tanto, pueden ser causantes de cansancio laboral.

## d) Cansancio matrimonial

En el ejercicio *divanístico* he tenido bastantes casos de separaciones y divorcios que han tomado la difícil decisión de distanciarse de forma definitiva debido a este factor: cansancio. Es cierto que los motivos preponderantes son la infidelidad, agresiones y convivencia deficiente. También es cierto que el desgaste y/o cansancio es uno de los otros motivos que ocasionan separaciones matrimoniales.

La rutina, la disminución de momentos afectivos, la desaparición de detalles significativos y las constantes situaciones conflictuales dentro de la pareja, ocasionan un severo cansancio matrimonial.

Hay que añadir que muchísimas parejas sentimentales no deciden acudir a ayuda profesional, antes de decidir por seguir caminos diferentes. El hombre tiene la particularidad de ser reacio y poseer más resistencia a dejarse ayudar en temas sentimentales, por considerarse autosuficiente para solucionar sus propios problemas y conflictos. En cambio, la mujer está más consciente de sus capacidades y limitaciones. Y, por ende, está más abierta a recurrir a ayuda profesional.

El cansancio matrimonial, en su mayoría, se manifiesta por la notable despreocupación afectiva, la disminución empática y las exacerbadas discusiones sin sentido ni fundamento. El amor se va extinguiendo hasta el punto que, como reza el dicho popular: «El amor es ciego». Los defectos del otro se van haciendo cada vez más notorios. Defectos que, con los ojos del amor, no se apreciaban con claridad. Ahora, tienen una connotación negativa y el argumento perfecto para tomar la decisión de separarse.

El cansancio va impidiendo que haya una disposición al diálogo, a la búsqueda de ayuda y apoyo profesional. Da paso al cierre hermético de oportunidades de mejora o hallar puntos de encuentro e instancias de reconciliación.

A esto se le suma la negativa influencia que ejercen las respectivas familias que están en contra de la unión o matrimonio. Y créanme que este tipo de influencia posee una alta capacidad de convencimiento para que una de las partes tome la decisión del distanciamiento como única opción.

El cansancio ocurre también cuando hay inmadurez e irresponsabilidad en los/as involucrados/as. Decisiones inestables, incorrectas, poco inteligentes, fugas de energía y otros factores van aumentando la sensación de cansancio de la pareja.

El cansancio da lugar cuando la carga de llevar a cuestas una familia se torna pesada y tediosa; cuando no hay ingresos económicos suficientes para cubrir necesidades, deseos, sueños y proyectos familiares, cuando aparecen enfermedades complejas o eventos estresores que minan o atentan con la estabilidad emocional de la pareja.

El agotamiento matrimonial es uno de los procesos que pasa toda pareja sentimental. Es raro que no hayan pasado un momento, tiempo e instancia donde no se hayan sentido cansados/as. La rutina, el apremio económico, la falta de trabajo, la desconfianza, los cambios de hábito en lo sexual, los cambios de humor, la sensación de estancamiento personal/laboral, el crecimiento de los hijos y el involucramiento de los padres a sus actividades escolares, son algunos de los atenuantes para disparar los niveles de cansancio.

Sin lugar a dudas, este tipo de cansancio es el que más necesita de intervención terapéutica. En ocasiones, se logra con éxito la permanencia de unión de la pareja. Y, en otras, la solución viable es la separación por causa del nivel de daño y por protección de una de las partes.

## e) Cansancio sentimental

Este tipo de cansancio se asemeja bastante al cansancio matrimonial, con la diferencia de que los involucrados se encuentran en la condición de pololeo o noviazgo. Y esta condición señala características particulares, en algunos casos, tales como:

- No hay un peso legal que los mantenga enlazados; es decir, un contrato legal de matrimonio.
- No hay un tiempo considerable de conocerse.
- No hay hijos que cuidar (o velar por sus cuidados).
- Dependen económicamente de sus padres.
- Están estudiando y no poseen un trabajo remunerado.

- La inmadurez y variabilidad de las emociones y sentimientos están presentes en sus conductas.

Por todo lo demás, se debe entender que las parejas sentimentales viven episodios similares, independiente de que estén casados, enlazados, unidos, en convivencia o noviazgo.

## f) Cansancio afectivo

Este tipo de cansancio, en ocasiones, es complejo de intervenir. La persona sufre uno o varios cambios en su forma de amar, apreciar, admirar y valorar a sus semejantes, mascotas, incluso su propia existencia. Existen varios trastornos psicológicos donde el área afectiva de la persona es afectada de forma considerable; trastorno del estado de ánimo, trastorno esquizoide, trastorno de la personalidad, trastorno del juicio de realidad, trastorno de depresión, entre otros.

Se inicia con un completo desinterés por lo que antes le apasionaba. Ya no manifiesta acercamiento o inclinaciones notorias conductuales, mucho menos verbales. Aparecen las inseguridades, las ambivalencias y las incoherencias, sobre todo desde lo cognitivo/conductual.

Se caracteriza por la aparición de dudas en la persona, en uno o varios ámbitos. Por ejemplo, la duda en relación a sus sentimientos. Ya no siente los mismos afectos hacia su pareja. Se torna frío/a y distante. Ausente. Aparecen las inclinaciones celopáticas. Aparecen las discusiones sin argumentos ni sentido. Pasa más tiempo lejos de su pareja; trabajo, deporte, social, reuniones escolares, espirituales, sociales, etc.

Por ejemplo, la duda en relación a su orientación sexual. Ya no experimenta el placer y los deseos sexuales disminuyen de manera considerable. No sabe cómo sobrellevar «esto» que le está sucediendo. Aparece el miedo al rechazo. Temor a la opinión familiar, a la opinión pública. Se siente «extraño» en su propio cuerpo. Se aísla, se aleja física y emocionalmente. Se retrae de su entorno social. Se observa cómo van cambiando sus gustos y tendencias, al punto del asombro. Aparece la hipersensibilidad. Encuentra que no es comprendido.

Un ejemplo es la duda en relación a su propia existencia. Aparecen las interrogantes frente a su propósito en la vida, la autocrítica, en la mayoría de las ocasiones, bastante severa y exhaustiva. A veces, pensamientos suicidas. No reconoce ni siente admiración por sus capacidades y habilidades. Desconoce su propio potencial, dones y talentos. Disminuye de manera notoria su rendimiento escolar, laboral y participación ciudadana.

Las ambivalencias e incoherencias hablan de la inestabilidad cognitivo/conductual en que se encuentra el estado de la persona en su cansancio afectivo, puesto que es común ver que no hay congruencia en su actuar con su hablar, coloquialmente hablando. Es decir, dice cosas que no siente. Le resulta fácil mentir, engañar y usar artimañas para ocultar su cansancio afectivo.

Es muy posible que esté pensando que la gran mayoría de los seres humanos tenemos tales características mencionadas, y es muy probable que esté en lo cierto, ya que somos la especie que más usa la mentira como conducta habitual (tópico expuesto en el capítulo «La barrera de la mentira» del libro *Psicologiando barreras*). No obstante, cuando hay evidencias de la aparición de cansancio afectivo, se produce un fenómeno que es común en los seres humanos: ¡el de ocultarlo!

Poseemos el gran defecto (generalizando) de esconder, ocultar y quizás disfrazar nuestros cansancios afectivos. Es muy probable que no solo nuestros cansancios afectivos, sino nuestros sentimientos, nuestros miedos, nuestras luchas, nuestros demonios.

Por supuesto, esto se da en mayor número indicativo en varones que en mujeres, por su estructura, por cultura, y por historia.

Cabe destacar que el cansancio afectivo tiene la característica negativa de que se contagia o, dicho en término psicológico, se proyecta. Tal como el bostezo. Bosteza uno, y luego terminan bostezando todos.

En las parejas sentimentales, el cansancio afectivo produce el mismo efecto; se proyecta al punto que ambos/as terminan experimentando sensaciones similares de distanciamiento y alejamiento emocional. La aparición de celos, desconfianza, dudas de honestidad y otras sensaciones difíciles de contrarrestar.

He sido testigo de casos de divorcios y separaciones causados por esto: cansancio afectivo. Y esto no es correlacional a que haya existido deslealtad amorosa, convivencias complejas u otra causa, sino, muy por el contrario, la única razón fue el agotamiento afectivo. Sugerencia: terapia psicológica.

## g) Cansancio social

Este tipo de cansancio lo experimentan las personas, en su mayoría, que han sido expuestas a labores sociales tales como junta de vecinos, sindicatos, clubes deportivos, centro de madres, centro de jóvenes, centro de apoderados, clubes sociales, y tantas otras entidades o grupos sociales.

Por lo general, son quienes han liderado o lideran grupos de personas los que vivencian este tipo de cansancio, por una razón bien definida: la cultura humana.

Desde la sociología, se entiende el concepto de cultura como las formas de pensar y concebir el mundo.

Desde la antropología, se entiende el concepto de cultura como el conjunto de creencias y costumbres de un grupo social.

Desde la psicología, se entiende el concepto de cultura como el estilo de vida que define un patrón de conducta en un hábitat definido.

Por lo tanto, el cansancio social aparece cuando hay fenómenos de descontento, descréditos, traiciones y falta de apoyo.

Entendiendo que la cultura humana se caracteriza por poseer ciertas características negativas como los fenómenos mencionados anteriormente, es que podemos realizar el cruce conceptual y el efecto emocional que producen en la persona que lidera o preside el o los grupos en cuestión.

El liderazgo de grupos sociales tiene efectos y cargas emocionales bastante significativas, y también hay un desgaste y costo familiar que se tiene que considerar. El factor tiempo es algo que se debe tener muy en cuenta cuando hay un llamado a liderar y/o presidir masas.

Es imposible, para este tipo de rol o función social/comunitaria, dejar a todas las personas satisfechas o complacidas con decisiones que se toman en su facultad directiva. Y en este punto de complacencia es donde aparece la disconformidad social; fenómeno del cual somos testigos en nuestro país, a raíz del denominado «estallido social». Se podía observar el descontento generalizado de las personas hacia la figura representativa del gobierno, hacia las políticas públicas y hacia las decisiones sociales.

En este punto es que se pueden observar las dos caras de la moneda. Por una parte, el cansancio social de las personas que marchaban exigiendo sus derechos y, por otra parte, el cansancio social de las personas que representaban la figura del gobierno.

Resulta evidente que el don de liderazgo es una característica que no todos poseen. Son personas con convicciones firmes, voluntad inquebrantable y voz de mando, al punto de llegar a ser referentes para otros. Ya sea por sus ideales, talentos o principios. No obstante, tales características no los hacen exentos a la sensación de agotamiento, debido a su rol y función social.

En esencia, el ser humano no tiene demasiada memoria de agradecimiento. Por supuesto, hay lindas excepciones de personas que tienen un corazón agradecido con aquellos que, en algún momento de sus vidas, las apoyaron.

Otra situación que vivencian los líderes es que los seres humanos tenemos una acentuada tendencia a «endiosar» y a «crucificar» con una rapidez asombrosa. Es decir, somos capaces de elevar a una persona al tercer cielo y considerarla lo más sublime un día y, al siguiente, condenarla y desearle las penas del infierno porque no coincide con nuestra forma de pensar, o por una variada gama de razones.

Esta es una de las características negativas más comunes en las personas; la tendencia de idolatrar con la misma intensidad que condenamos. La dualidad de lo angelical vs. lo demoníaco. Amor vs. odio.

## h) Cansancio espiritual

Este tipo de cansancio se experimenta sin importar el sistema de creencias que tiene la persona. Se da desde la mirada de teoría de la «tripartidad» del ser humano. Esta teoría expone que el ser humano está compuesto por espíritu, alma y cuerpo. El espíritu sería el aliento o hálito de vida, el alma sería el asiento de las emociones, sensaciones y voluntad, y el cuerpo es lo tangible, lo palpable, el soma.

Entendiendo esta idea, podemos visualizar que el espíritu es la vida, o también llamado el corazón, el motor de nuestra existencia. Y es allí donde aparece el concepto del cansancio espiritual.

Se da en situaciones de estrés extremo, en situaciones de ansiedad y niveles de angustia altísimos. Cuando pareciera que se nos va a partir el corazón de tanto dolor o del sufrimiento que experimentamos. Dolor por la partida de un ser amado, el rompimiento sentimental, y otras instancias que expongo en el capítulo «Barreras del dolor» del libro *Psicologiando barreras*, cuando hablo del dolor almático.

El cansancio espiritual lo viven también las personas que profesan algún tipo de creencia espiritual, que participan en algún tipo de congregación religiosa y que, por el ejercicio de sus actividades, roces sociales, diferencias u otro tipo de situaciones, van incrementando la sensación de agotamiento espiritual.

Como todo grupo social humano, las diferencias, las discusiones y los pleitos van a existir como parte del continuo compartir de ideales y creencias. A eso se añade la sensibilidad, los rasgos de personalidad y el tipo de conflicto que desembocan en un descenso de entusiasmo participativo en tales grupos.

El cansancio espiritual lo viven también las personas que, como perfil de personalidad, tienen la tendencia inevitable de entregarlo todo por los demás. Son personas sociales y sociables que se apasionan por acciones solidarias y, por ende, viven la ingratitud y las traiciones de las personas.

Por lo tanto, para esta barrera, sin importar el tipo de cansancio que usted tenga o esté viviendo, se recomienda asistir a terapia psicológica. Permítame mencionar que, si bien es cierto que unas vacaciones ayudan, no logran solucionar el problema del cansancio en sí. Aunque las prácticas deportivas, religiosas o de otro tipo ayudan y aportan, no son lo suficientemente efectivas y eficaces para afrontar el problema y sus posibles consecuencias.

Asimismo, medicamentos como relajantes musculares, que están muy de moda, no son sustitutivos de la terapia psicológica.

Se sugiere no minimizar los riesgos y efectos del cansancio que se esté experimentando. Esta es una habitualidad de las personas: rebajar importancia a temas que sí son relevantes, como la salud mental.

Por otra parte, es menester mencionar un atenuante bastante singular, pero no menos significativo. Sobre todo, porque es probable que la primera impresión sea contradictoria. No obstante, es de suma importancia exponerla como una situación que he visto con regularidad: el cansancio como «impulsor decisional».

Es cierto que el cansancio, de por sí, frena, detiene y nos aleja de las metas y propósitos que nos hemos trazado en algún momento. Sin embargo, existe un tipo de cansancio que nos otorga lo que denominé el «impulsor decisional». Este término se refiere a la acción de sentirse impulsado, metafóricamente hablando, a tomar decisiones que, sin la existencia del factor cansancio, jamás hubiéramos tomado.

Este impulsor decisional se puede ver reflejado en instancias de violencia intrafamiliar. Cuando la víctima, cansada de los constantes abusos, toma la valiente decisión de denunciar, demandar, enfrentar, huir, salvar y salir de su situación que, quizás por años, lleva sufriendo.

Lamentablemente, como la mayoría de las situaciones, se suscita un extremo accional, en el sentido de que se produce una suerte de «caza de brujas». Por una parte, es de suma importancia erradicar la violencia doméstica, sobre todo en el ámbito familiar, pero sucede que, por defender los derechos de la mujer y protegerla de sus agresores, se cae en potenciar la «imagen masculina» como un ente agresor y opresor.

Resulta evidente que, en este tipo de ocasiones, lo es, y por supuesto que se condena y se avalan los apelativos de agresor y opresor. Pero, como reza el dicho popular: «Caen justos por pecadores». Y los pocos hombres que son cariñosos y personas de bien, son catalogados, sobre todo por el movimiento feminista, como agentes opresivos y destructivos.

La otra instancia en la cual el cansancio actúa como impulsor decisional es cuando uno de los integrantes de la pareja ha puesto todo el esfuerzo y la motivación para que la relación funcione y la contraparte no lo valora, reconoce ni agradece. Sucede cuando no hay acuerdos claros o establecidos de compartir tareas domésticas, por ejemplo, responsabilidades con los/as hijos/as; cuando no hay empatía acerca del trabajo, función, labor y rol de los/as involucrados/as.

Las parejas que están ceñidas bajo la característica nefasta del machismo, autoritarismo, o de la brutalidad ignorante de las relaciones interpersonales y de cómo se debe tratar a su semejante, sobre todo a su pareja, son blanco fácil para caer presa de que uno de los dos se canse y tome la decisión de terminar la relación.

En cuanto a la diversidad de las dinámicas relacionales, hay mucho que decir. El concepto de normalidad se difumina entre las formas y modos relacionales. En este sentido, es importante para los terapeutas trabajar bastante en «la persona del terapeuta». Dejar fuera del *setting* terapéutico sus creencias, sus supuestos, sus formas; en resumen, su yo, para que no sea una influencia negativa e impida el fluir de una buena terapia.

Por lo tanto, ya sea un cansancio que frene o un cansancio que impulse, en ambos casos es sensato recurrir a la direccionalidad de un profesional de la salud mental para orientar, de mejor manera, las decisiones a tomar.

# Barrera del tiempo

El tiempo, segmentado en horas, minutos, segundos, momentos, instancias, etc. Recuerdos, niñez, juventud, adultez, vejez. Juegos, estudios, trabajos, recreaciones, deportes, etc. Pasado, presente y futuro.

Considero que esta es una de las barreras más relevantes. El tiempo se convierte en nuestro aliado, pero también en nuestro adversario. Tiene la particularidad de que no tiene retorno, solo avanza.

Lo primero que debemos puntualizar es que no existe momento de nuestra vida en el cual no hemos deseado manejar de mejor manera nuestro tiempo o, mejor dicho, nuestros tiempos. Haber deseado tener más tiempo para nuestros padres, para nuestros hijos, para nuestros enamorados, para descansar, y un largo etcétera de deseos.

El ser humano siempre ha deseado manejar el tiempo, adueñarse de él, tener el poder de viajar en él, cambiar cosas. Pienso que por ello me identifico bastante con las películas que tienen que ver con este tema. Con la idea de volver al pasado, conocer el futuro; aunque suene redundante, el dominio del tiempo, de nuestro tiempo, es un deseo generalizado.

Quise exponer también sobre esta barrera, puesto que hay tendencias y rasgos nocivos en la predisposición con la cual nos enfrentamos al factor tiempo. Por supuesto, con el respaldo de la vivencia clínica terapéutica que me permite desarrollar tales situaciones de forma empírica.

Cuando somos niños, deseamos ser adultos; cuando somos adultos, deseamos ser niños de nuevo. Es bastante recurrente observar la insatisfacción humana en relación a la gran mayoría de las cosas, situaciones, estados, y vida en general. Tal insatisfacción se manifiesta en envidias, deseos ocultos, pensamientos negativos y en resentimientos/amargura.

En ocasiones, se transforma en verdaderas batallas implícitas por la obtención de bienes materiales y/o niveles de poder o rangos jerárquicos. Somos una especie que busca saciar carencias afectivas o ausencias de afecto con sensaciones de placer.

No es extraño notar, hoy en día, el aumento considerable de parejas convivientes con hijos/as de relaciones anteriores. Por lo tanto, esas disfuncionalidades inciden en las dinámicas familiares. O sea, el tiempo que padre/hijo disfrutan en común es bastante reducido, por la sencilla razón de que ese padre, aunque sea responsable o no, preocupado o despreocupado, tendrá una lista de prioridades en su vida, tales como su nueva familia y su trabajo, que provocarán que el tiempo que pueda disfrutar con su hijo/a sea insuficiente para que la emocionalidad de ese infante sea saciada de manera considerable y significativa.

Estimando este punto en particular, cabe destacar las diversas disfuncionalidades familiares que hoy se están formando, o suscitándose, a raíz de las diversas formas de vida en que han mutado las conformaciones del concepto de familia. Es decir, hace unos años atrás, se aplicaba un test de la familia a un infante y este dibujaba un papá, una mamá, sus hermanos, sus mascotas, y él o ella en el centro del dibujo. Hoy, en cambio, el o la infante dibuja dos papás, dos mamás, diferentes hermanos/as de padre o madre. Y lo menciono, no como un aspecto negativo, sino para destacar el cambio paradigmático que se produce en la intimidad de las dinámicas familiares, donde las orientaciones sexuales, el tipo de alimentación y diferentes cambios han ido mostrando que el tiempo ha interferido también en este asunto.

«El tiempo todo lo cura». Estoy seguro de que conoce esta frase, que incluso la ha compartido o se la han referido para tratar de aliviar su pena o su dolor. Pero, le tengo noticias, y quizás no las que usted desearía leer: ¡es una frase cien por ciento falsa!

Créame que si tuviese esa suerte de milagro o magia, entonces se lo diría. No obstante, en terapia se observan demasiados trastornos, anomalías, enfermedades, fenómenos y situaciones que lo último que manifiestan es justo lo contrario a esa idea; de que el tiempo ha curado su dolor, tragedia o complejidad.

Sin ánimo de majadería, es imperativo recalcar la importancia y relevancia de una adecuada intervención terapéutica que aborde los traumas, los dolores, las heridas emocionales, etc. Y no otorgarle al factor tiempo la facultad milagrosa que, lamentablemente, no tiene. Esto es similar al hecho de entregarle un poder excesivo a una persona, credo, religión, institución, una acción que en realidad no tiene.

Expondré esta idea de forma breve: la tendencia que tenemos los seres humanos a otorgar facultades milagrosas. Quizás sea por el misticismo en el que nos encanta rodear las ideas. El creyente tiende a creer que Dios dará todo, sin esfuerzo, solo con el poder de la oración. Por lo tanto, le otorga a la oración una facultad que en realidad no tiene. Más allá de ser un hábito espiritual donde se encuentra tranquilidad, una especie de catarsis y de meditación almática, no posee el arte milagroso que le otorgan los creyentes. El estudiante tiende a creer en la infalibilidad del profesor, el infante tiende a creer en la perfección de los padres.

Se otorga la facultad milagrosa a plantas, medicamentos, personas, entidades, lugares y a tantas cosas, que lo único que manifiestan es la necesidad de creer en algo. Una especie de fe devota. En terapia se le denomina psicodependencia cuando el paciente presenta una notoria dependencia a las terapias o a la figura del terapeuta.

Tuve un jefe que tenía una frase: «No hay tiempo», haciendo referencia a la ineficacia de un compañero que cuando se le encomendaba un trabajo y, por lo general, no tenía tiempo para concluirlo. Al igual que este personaje, la gran mayoría de las personas hemos utilizado esta frase como argumento o, mejor dicho, como excusa, para procurar convencer al jefe o supervisor de que no tuvimos el tiempo necesario para dar cumplimiento a una tarea específica.

A raíz de ese tipo de experiencias laborales y otras, es que he llegado a las siguientes conclusiones, que quiero compartir:

Desde el punto de vista cuantitativo, nuestro día está compuesto de 24 horas, de las cuales ocupamos entre 6 a 9 horas en dormir. Obviamente, es un valor aproximado. Ocupamos entre 8 a 10 horas en el trabajo. Por supuesto, también es una cantidad aproximada. Por lo tanto, el tiempo restante, que son entre 10 a 5 horas, se distribuyen dependiendo de los roles, funciones y actividades que se tenga.

Si se es hijo/a estudiante, se debe reemplazar el tiempo que el adulto ocupa en su trabajo; el estudiante lo ocupará en sus estudios.

Dicho lo anterior, es menester notar y hacer hincapié en el valor cuantitativo y cualitativo del tiempo que invertimos en nuestros afectos: familia y recreación.

Por desgracia, en terapia de parejas se ve mucho este factor: el tiempo como ocasión de reclamo emocional. El disminuido tiempo que se invierte con la pareja y con los/as hijos/as.

La barrera del tiempo, en este punto, es crucial para muchas cosas; estabilidad emocional, desarrollo afectivo y solidificación de sentimientos.

Cuando se invierte tiempo con otro/a, sea pareja, hijo/a, padre/madre, amistad, se tiene que tener en cuenta que es un **privilegio** y una **oportunidad única**. Es decir, cuando se le otorga un «valor agregado» a ese momento, es cuando se le entrega la «significancia» a esa persona con la cual se está compartiendo el momento. Considero que, hoy por hoy, no «valoramos» el tiempo que compartimos, ni mucho menos a la persona con la cual lo hacemos.

En lo personal, agradezco a Dios y a la vida las oportunidades en que «coincido» con otra persona y el tiempo que esta me entrega. Hay muchos/as que tienen la premisa de que la aparición de un encuentro con otra persona es una coincidencia. Sin embargo, no es así; la verdad es que cada momento y encuentro es un privilegio que tiene un propósito definido, y es nuestro deber y derecho disfrutarlo al máximo. Cuando apareces en la vida de alguien **no** es coincidencia; tiene **propósito**. Y cuando descubres por qué la vida te puso frente a esa persona, cuando cruzó sus caminos, cuando entrelazó sus destinos, es entonces cuando se provoca el cumplimiento del propósito. Así que no desestimes cuando la vida te haga coincidir con alguien en tu trabajo, en el colegio, en el banco, en la plaza, en el cine, en el estadio, en el hospital, en el peaje, etc.

Cuando hay divorcios/separaciones matrimoniales, se establecen acuerdos, ya sea de forma voluntaria o a través de tribunal, sobre todo para acordar cantidad de pensión alimenticia y régimen de visitas, o régimen de relación directa y regular. Este acuerdo se establece para resguardar el tiempo que los hijos tendrán con su padre, en general. Puesto que, en su gran mayoría, las madres son quienes se quedan con el cuidado permanente de los hijos.

Este tipo de situaciones son desgastantes en todo sentido: económico, emocional y de tiempo. Son bastante recurrentes en los procesos judiciales en el Tribunal de Familia. Lo menciono en el marco de la exposición de la barrera del tiempo para puntualizar la importancia del valor tiempo que, como padres, debemos invertir en nuestros hijos. Lamentablemente, sucede que la pugna de los adultos es traspasada a los hijos y son ellos quienes se llevan la peor parte del proceso de separación. Esto, *a posteriori*, tiene una repercusión en la vida adulta de esos infantes.

El llamado de sugerencia es al entendimiento de la necesidad del tiempo que se invierte en los hijos. En la gran mayoría de los casos, es una necesidad emocional/afectiva que ellos pasen tiempo con sus padres y viceversa. Hay excepciones en las cuales la permanencia de tiempo por parte de los/as hijos/as con el padre o con la madre es un riesgo emocional y físico, por brotes psicóticos, trastornos disociativos, alteración del juicio de realidad o algún tipo de consumo problemático o adicciones de estupefacientes (alcohol y drogas, en específico). Trastornos que deben ser profesional y judicialmente comprobados en el tribunal para dictaminar el futuro de esos infantes a través de pericias psicosociales.

Es importante que se entienda la importancia de esta barrera en relación a la necesidad que tienen los infantes de pasar tiempo con sus padres, madres y/o cuidadores, porque hay casos donde los abuelos o familiares cercanos asumen el rol de cuidadores por la ausencia de competencias parentales de parte de los padres, situación que se observa de manera cotidiana en las redes Sename. Los infantes **necesitan** estar, compartir y disfrutar tiempo con sus padres. La cantidad y, sobre todo, la calidad del tiempo que, nosotros los adultos, debemos asumir como una experiencia única e irrepetible, y dejar la predisposición de una «obligación parental» de nuestros aparatos mentales.

Cuando se le otorga a una tarea el concepto «obligatorio», de inmediato se le suma una carga a la idea. Esto desde el marco de las percepciones. El ser humano, sobre todo en nuestra sociedad y cultura, está enmarcado en lo normativo y regulatorio en la gran mayoría de los departamentos o áreas. Es decir, tránsito, educación, familia, civil, penal, etc. Por lo tanto, somos regulados por leyes que van definiendo nuestro actuar, en relación a lo que podemos hacer y lo que no. Entonces, cuando aparece el concepto de «obligación» en lo parental, se percibe como una carga, como una tarea que estoy obligado a realizar y no como una tarea placentera.

El padre, la madre, el adulto cuidador que experimenta placer, amor, ganas, motivación, deseos de pasar tiempo con sus hijos, es una persona con afectos sanos y que es capaz de entregar lo necesario para saciar sus carencias afectivas. Por el contrario, si usted no siente placer, amor, ganas, motivación y deseos de pasar tiempo con sus hijos/as, le sugiero acudir con urgencia a su psicólogo/a para intervención de sus afectos, emocionalidad, prioridades, y resignificación vital.

Es imperativo y de suma importancia que hoy realicemos un cambio paradigmático de estilos, creencias y hábitos familiares arraigados por años en nuestras dinámicas familiares, que han dañado a generaciones enteras.

# Barrera del divorcio

Para nadie es un secreto el aumento considerable de divorcios y separaciones matrimoniales que se han suscitado en los últimos años, por una variada gama de razones que han dado como resultado este fenómeno socioafectivo.

La idea de exposición de esta barrera no es necesariamente analizar las razones, sino las consecuencias o afecciones que se provocan con este tipo de decisiones, desde lo psicoemocional, tanto en los involucrados directos como en el grupo familiar y social, de forma indirecta.

Lo primero que cabe destacar es que nuestra vida se compone y se estructura con base en las decisiones que vamos tomando o asumiendo a diario. Decisiones planificadas o no, apresuradas o en calma, apropiadas o inapropiadas, acertadas o erradas, sensatas e insensatas, etc.

Estimo que cuando dos personas deciden convivir y compartir un espacio en común, en pos de una relación amorosa, sentimental, emocional, se hace con la firme intencionalidad de permanecer juntos/as hasta la eternidad. No obstante, por mucha planificación estratégica que se ejecute, hay factores que escapan a tal planificación y provocan un desenlace diferente al planificado o deseado.

Por supuesto, es cierto que hoy existen menos expectativas de éxito en comparación a décadas anteriores, a raíz del aumento mencionado anteriormente. Esto no señala una desesperanza aprendida, sino que hay una mayor predisposición a la ruptura por diferentes motivos. Menor compromiso, mayor inmadurez, menos tolerancia, mayor agresividad, entre otras razones.

El divorcio, en sí, es la disolución de un contrato o convenio de una pareja que había propuesto compartir una vida en común y que, por diversos motivos, decide continuar por distintos caminos a partir del momento de tal disolución.

Por lo tanto, los primeros afectados son quienes componen la pareja, y los segundos afectados serán los hijos. Los siguientes serán los familiares cercanos, es decir, padres, hermanos, etc. Las amistades también se verán afectadas con el divorcio de manera indirecta. Esta es una simbología del efecto avalancha; en otras palabras, con mayor o menor fuerza, son varios los afectados por esta barrera.

Va a depender del tipo de vínculo afectivo, del tiempo que estuvieron juntos, de la intensidad y forma de la expresividad de los sentimientos, de la personalidad, grado de dependencia emocional y del nivel de daño causado cómo van a vivenciar el divorcio los y las involucradas.

## a) Vínculo afectivo

Se refiere al lazo afectivo que me une con el ser amado. Si es un vínculo fuerte y potente, es muy posible que se vivencie con mucho dolor de pérdida y la ruptura cause bastante tristeza. Incluso, hay ocasiones en que las personas que han tenido un fuerte vínculo afectivo, desembocan en cuadros depresivos por un tiempo considerable. Cuadros depresivos que, sí o sí, se deben intervenir a través de terapia por un/a profesional psicólogo/a.

Esto se expresa con la siguiente frase: «Como yo te amo, nadie te va a amar». La cantidad de amor, si es que es posible medirla, manifiesta el nivel de entrega, la devoción y la disposición que se le da a la relación para que esta funcione de manera correcta y fluida.

Existen derivaciones patológicas en relación al inadecuado vínculo afectivo, que se refiere al trastorno posesivo. La persona tiende a «adueñarse» de su pareja, al extremo de la toma de decisiones, amistades, tiempos e incluso la aparición de celopatías, alucinaciones y rasgos agresivos.

## b) Tiempo de la relación

Esto se refiere al tiempo transcurrido desde el momento que se conocieron hasta el momento en que terminaron. Al cúmulo de situaciones que suman y restan para determinar la calidad de vida que sostuvieron durante su relación. Hay decisiones de término de una relación y/o divorcio, independiente del tiempo que una pareja lleva unida. Por supuesto, la cantidad de tiempo es proporcional a la cantidad de momentos significativos y de instancias de entrega mutua. No obstante, si la complejidad de la convivencia ha sido abrumadora, también será determinante el tiempo vivencial.

Resulta evidente que, a mayor cantidad de momentos juntos, mayor será la cantidad de recuerdos, y mayor debería ser el tiempo de duelo que se debe tener para sanar del proceso del divorcio.

Por lo general, el inicio de la relación está marcada con una amistad que desemboca en la aparición de sentimientos. En uno antes que el otro (de forma simultánea, incluso) sé de parejas donde no hay sentimientos profundos, sino que es un contrato por conveniencia o una ocasión de «escape». Este tipo de relaciones por conveniencia no posee un buen índice de éxito, puesto que los sentimientos, los valores y el respeto son factores bastante decisivos en el éxito de la pareja.

## c) Intensidad y expresión de los sentimientos

Las demostraciones de cariño, de amor y de afecto no son las mismas en las personas. De ahí, existirán parejas sentimentales más demostrativas que otras desde los afectos. Incluso, una de las dos personas, en ocasiones, es más intensa y demostrativa en sus afectos. Y esa situación es motivo de reclamo, queja o de discusión por parte del o la afectada.

La intensidad y expresividad sentimental está determinada por el modo de ser, por el nivel de confianza y el historial afectivo que tenga cada persona. Por supuesto, existen diferentes formas de expresión sentimental; sin embargo, se debe enmarcar la conducta afectiva desde el mutuo acuerdo, desde el consentimiento de ambos, desde lo permitido en relación al pudor, al respeto y a las buenas costumbres.

Desde el orden de lo sentimental, hay personas que son mucho más frías que otras, menos demostrativas y cariñosas. No obstante, esto no señala el nivel de amor ni la cantidad de cariño que se tiene, por lo que hay parejas que serán mucho más intensas, apasionadas y entregadas en comparación a otras que serán más pasivas y sosegadas.

## d) Personalidad

Sin duda, el factor personalidad va a puntualizar la afección de esta barrera. Las personas que tienen una personalidad dependiente, por ejemplo, sufrirán en niveles extremos las separaciones, en general. Para quienes poseen una personalidad invasiva, es muy posible que se resistan bastante al divorcio en sí. Las personalidades fuertes y con rasgos agresivos tienden a aflorar su agresividad en estos casos y tienen episodios de descontrol de impulsos. Los que tienen una personalidad narcisista tenderán a volcar los acontecimientos a su favor y pretenderán convencer que no son ellos los culpables de la ruptura. Muchas personas adoptan el rol de víctimas, unas para protegerse, otras para autoengañarse; otras para ser aceptadas y validadas.

## e) Dependencia emocional

Lamentablemente, este rasgo está en un gran número de personas. Y es penoso puesto que, en la gran mayoría de los casos, se suscita un aprovechamiento emocional por parte de su pareja. Es decir, la persona que presenta una dependencia emocional se proyectará como una suerte de esclava de su contraparte. Cumplirá o tratará de cumplir a cabalidad todos los caprichos de su pareja. Se observa mucho también el chantaje emocional por parte de uno de los integrantes de la pareja. Se amenaza con terminar la relación, con quitar a los/as hijos/as, con dejar de amar, con un sinnúmero de frases abusivas y violentas. Todo esto y muchísimo más, hasta que llega un punto en que se logra tomar la valiente decisión de no soportar más humillaciones, agresiones, denostaciones, etc.

Acá aparecen, en ocasiones, algunas sintomatologías nocivas como el síndrome de Estocolmo, que se refiere a la aparición de un vínculo de apego en reemplazo del sentimiento de miedo y rechazo hacia el captor/secuestrador por parte de la víctima (para mayor detalle de este y otros síndromes, se sugiere leer el libro *Psicologiando síndromes* del mismo autor y editorial).

## f) Nivel de daño

Puntualiza al indicador que señala cuán afectada ha quedado la pareja posdivorcio. Hasta el momento, considero que siempre hay consecuencias de daño en un evento de esta naturaleza, ya sea por inmadurez, por la historia en común, por la forma en que se suscita el término y otras causales que indican que es la única decisión viable. Como terapeuta de parejas, no necesariamente el éxito de la terapia desemboca en la continuidad de la relación, sino que hay bastantes casos en que he sugerido el distanciamiento físico y emocional por los niveles de daño que se causan al permanecer juntos.

Cabe destacar que el daño se produce mucho antes del divorcio en sí. Incluso, me atrevería a decir que la convivencia de cualquier índole es una experiencia que conlleva sinsabores y decepciones. Convivencias familiares, laborales, sociales, espirituales, deportivas, etc. Los seres humanos tendemos al error, sobre todo en el trato y en las relaciones interpersonales. Por lo tanto, es inevitable causar daños con palabras, actitudes, gestos, acciones, etc. en otros. Con o sin intencionalidad, de forma consciente o inconsciente.

El punto crucial en cuestión es en la continuidad e intencionalidad de la acción dañina. Es decir, cuando la agresión verbal, física, psicológica, sexual o de cualquier otra índole permanece activa en el tiempo y se va tornando en un patrón de conducta bastante definido y normalizado, al punto de que las dinámicas de convivencia son con niveles de agresividad muy altos. Las discusiones y los maltratos se expresan con una naturalidad asombrosa.

La barrera del divorcio, por lo antes planteado, es una barrera compleja de sobrellevar. Se sugiere tomar sesiones terapéuticas de forma imperativa, para obtener ayuda y orientación frente a las consecuencias de tal proceso de vida.

Dejamos establecido, al principio de la exposición de esta barrera, que los primeros afectados son quienes integran la pareja. Ahora bien, los segundos afectados son los hijos.

Por desgracia, los/as hijos/as se ven enfrascados en una lucha de poderes, cual casa azotada por un huracán. Puesto que, muchas veces, son afectados con el distanciamiento de la figura paterna. Digo esto porque, estadísticamente, son mayores los casos en los cuales es el hombre quien toma la decisión de irse del hogar y dejar la casa a la madre junto a sus hijos. Son afectados, en primera instancia, con las eternas discusiones y niveles de agresividad de sus padres y que, en su mayoría, repercuten de manera amplia y negativa en sus hijos. Son afectados también, y de forma muy notoria, por el proceso del divorcio y los temas legales que este conlleva.

Los hijos van vivenciando el divorcio en su niñez y juventud; unos más, otros menos, se verán afectados en su etapa adulta. En ocasiones, repitiendo patrones de conducta, rechazando la idea del matrimonio, con su emocionalidad dañada, con episodios de crisis, con adicciones. En ocasiones, los menos, sin mayores afecciones.

Desde la emocionalidad, es menester que el niño o la niña tenga cubiertas sus necesidades emocionales y no solo como un derecho, sino como una responsabilidad y deber de los padres otorgarle estabilidad emocional, aunque vivan juntos o no. Ahora, desde lo experiencial, esto no ocurre así. La evidencia muestra que cuando ocurren procesos de divorcio, el alejamiento físico y el distanciamiento emocional se suscitan casi de manera inmediata, *a posteriori* del evento de divorcio. Es decir, el distanciamiento de las figuras parentales es un hecho irrefutable, en el sentido de que los padres se distancian debido a su quiebre sentimental y, de forma inherente, se provoca el alejamiento de los/as hijos/as.

Por supuesto, esto no debería ocurrir. No obstante, hay muchos casos donde los hijos deben cargar con el alejamiento físico/emocional del padre, y con la inestabilidad emocional de la madre. En el peor de los casos, se ven enfrentados a situaciones estresoras y hasta traumantes, debido al descontrol emocional y de impulsos de ambas partes, padres y madres.

Si bien es cierto que el divorcio debería ser una opción para evitar la continuidad de instancias de probable vulneración a la familia en general, muchas veces se transforma en episodios complejos y angustiantes, al punto de desembocar en trastornos ansiosos severos en los involucrados, sobre todo en su etapa juvenil y adulta.

Recordemos y establezcamos que esta particular etapa en los infantes es de «absorción» de aprendizaje en niveles bastantes elevados. Es decir, irán adquiriendo múltiples aprendizajes, sean estos positivos o negativos. Tales aprendizajes serán desde sus percepciones, intereses, imposiciones, repitencias y capacidad de registro sensorial.

Expuse lo anterior para decir que cada episodio, vivencia, experiencia y suceso, será una ocasión de aprendizaje para el infante. Por ejemplo, los hábitos de higiene personal son un aprendizaje sano y adecuado; en cambio, la violencia y agresividad son rasgos que no se deberían aprender. No obstante, el aprendizaje es un proceso innato y, por lo tanto, ocurre sin demasiada intervención de la voluntad, excepto en el aprendizaje impositivo.

Una paternidad responsable significa que el nivel de compromiso, entrega y voluntad permanece inalterable, independiente de los momentos, situaciones y contextos. Por desgracia, esto está lejos de ser una realidad vivenciada por parte de las figuras parentales. También son características con porcentaje bajísimos.

Estadísticamente, desde lo terapéutico, es muy recurrente encontrar anomalías en las personas con origen en este punto exacto: el divorcio de los padres. Y esto no quiere decir que todas las personas que han vivido instancias de divorcio generan anomalías, pero sí la mayoría. Es muy notorio encontrar, en la indagación terapéutica, antecedentes de divorcio o separaciones de los padres/madres que son los detonantes/gatillantes de fenómenos que afectan su cotidianidad y que, por supuesto, afectan su actual relación sentimental.

Los familiares cercanos o directos, es decir, padres/suegros, madres/suegras, hermanos/cuñados, hermanas/cuñadas, son los afectados en tercera instancia, ya que dependiendo del tipo de familia y sus dinámicas, determinará con cuánta afección se verán envueltos/as en este proceso.

Por lo general, las parejas sentimentales irán generando vínculos relacionales con los familiares de ambas partes. Compartirán almuerzos, festividades, cenas, celebraciones/festejos, duelos y otros momentos que, de por sí, van condimentando sus dinámicas familiares. En este compartir, se irán generando «alianzas afectivas», la mayoría implícitas.

Cuando el «evento divorcial» acontece, los bandos prodivorcio y los bandos antidivorcio surgen «mágicamente». Es inherente a este tipo de situaciones que «tomen partido» en la pareja. Unos apoyarán la decisión y compartirán que es la mejor opción, con sus opiniones personales. Otros se resistirán a tal decisión y tratarán de convencer a la pareja para «pensarlo mejor», a «tratar de arreglar las cosas», o quizás una «sesión de parejas» resulte.

Permítame decirle que, cuando han llegado parejas a mi consulta por esta causa, el éxito de la terapia no guarda relación con la continuidad de la relación. Muy por el contrario, hay casos en donde la diversidad de resultados manifiesta lo complejo del ser humano.

Sin embargo, la sugerencia siempre será la de recurrir a sesiones terapéuticas, no solo por su actual situación, sino por el bienestar personal y el bienestar futuro de sus próximas parejas.

Una de las cosas que se sugieren, en la mayoría de los casos, es tener la capacidad de establecer límites bastante claros para no permitirse influencias negativas en la relación. He visto a muchas parejas tener episodios de discusiones debido a la interferencia de terceros que, quizás con la mejor de las intenciones, han traspasado límites que no les correspondía atravesar, y esto ha causado diferencias en la pareja.

Desde la antropología, la mitología es una ciencia que tiene una influencia bastante notoria en las conductas de las personas. La mitología de la eterna enemistad de la suegra/nuera. Ambos amores luchando por el protagonismo y preferencia. Cuando se establecen encuadres y límites bien definidos, con acuerdos claros y consensuados de forma mutua, es mucho menos probable que sucedan diferencias desde tal área.

Por lo tanto, en todo sentido y en toda ocasión, siempre es hiperrecomendable asistir a terapias psicológicas en los eventos de divorcio. La pareja, los y las hijas, las familias afectadas, deberían acudir por apoyo profesional en este aspecto. Tal decisión no refleja que exista una problemática severa o compleja, sino que la idea es permitirse ser direccionado, resignificar episodios, reaprendizaje de situaciones, y ser estabilizado en su área emocional.

# Barrera de la pobreza

Las barreras que he expuesto, tanto en el primer lanzamiento como en este segundo de *Psicologiando barreras*, y las futuras publicaciones, han sido y serán objeto de estudio y de encuentro en las terapias psicológicas. Como lo denomino yo, en el «diván», haciendo alusión al sillón-cama en el cual solían atender a sus pacientes o suelen atender los psicoanalistas.

Y, esta barrera en particular, es una que guarda relación al autoconcepto y la autopercepción de las personas. Es evidente que la pobreza económica es una tremenda barrera; no obstante, la exposición de esta está enfocada, en su mayor parte, a nivel de pensamiento, a nivel cognitivo por sobre lo tangencial, vivencial o empírico.

Cuando hablamos sobre cómo se perciben las personas frente a su medio, de manera inherente aparece la figura del concepto de la autoestima. Concepto que hoy por hoy está demasiado «manoseado» y se le han atribuido características que en realidad no posee.

En sí, desde la mirada semántica, los vocablos que llevan insertos la palabra «auto» hacen alusión hacia sí mismos; es decir, su propia realidad: «autoestima», por ejemplo, se refiere al nivel de cariño/estima que se tiene la persona. «Autoconcepto» se refiere a la forma en cómo la persona se gradúa o se valora. «Autopercepción» se refiere a cómo la persona se percibe frente a su medio. Y así sucesivamente.

Los fracasos de la vida, de los cuales nadie está exento, ocasionan una disminución en nuestro yo; es un golpe a nuestro ego, salvo que se tenga una fortaleza bastante sólida y determinación férrea para evitar las consecuencias del fracaso. Y esto de los fracasos son transversales, y en todas las áreas, sobre todo emocionales y laborales.

Entendiendo entonces que la vida trae consigo la probabilidad de fracasos, y que estos, a su vez, ocasionan afección a nuestra estima, concepto y percepción, se deriva y se suscita la teoría de la barrera de la pobreza. A exponer:

La pobreza, como concepto, la vamos a entender en esta oportunidad como la ausencia de elementos tangibles o intangibles que denotan infertilidad o escasez. La pobreza se expresa de manera amplia y diversa. Se puede dar como pobreza espiritual, física y/o almática (iremos aclarando estos conceptos). Se puede dar como pobreza cognitiva, creativa y/o inspiracional. Se puede dar como pobreza económica, social, emocional y/o política.

Por supuesto, desde la tipología del concepto de pobreza, existen muchísimos. No obstante, me enfocaré en aquellos que he visto mayoritariamente en el diván.

Es muy probable que en nuestro aparato mental, se asocie el vocablo «pobreza» al factor económico y de posibilidades financieras; sin embargo, no solo se puede referir de manera exclusiva a ese derecho, sino a varias formas de pobreza, como lo mencioné y como lo expondré.

## Pobreza del ser (*self*)

### • POBREZA FÍSICA

Se refiere a aquella ausencia de capacidades corporales que ofrecen oportunidades para efectuar algún tipo de movimiento o disciplina en que se ocupa, un gran porcentaje, la habilidad corpórea.

Si bien es cierto que puede existir motivación y pasión, la ausencia física es notoria. Acá se engloban las actividades deportivas, musicales, artísticas en general y, por supuesto, laborales específicas.

En el capítulo «La barrera de la mediocridad» de *Psicologiando barreras*, expuse la capacidad y/o talento con el cual nacen algunas personas para una determinada disciplina y que los hace alcanzar niveles que otros no logran.

En el ámbito deportivo, en el fútbol en específico, se puede apreciar bastante bien esta idea de la pobreza física, en el sentido del logro u obtención de galardones o premios. Sin la necesidad de caer en el fanatismo y en el sesgo por algún preferido, se puede mencionar a muchos jugadores y jugadoras que se destacan físicamente en este deporte.

Ahora bien, entendiendo que cada persona, en este vasto mundo de individualidades, nace con un propósito definido y que, por desgracia, no todos/as alcanzan el «nirvana» de conocer su propósito, podemos establecer la actitud, la motivación, la determinación y decisión como elementos vitales para la superación de la pobreza física.

La facilidad es la mayor amenaza para el mejoramiento y el perfeccionamiento; por lo tanto, cuando no hay una verdadera entrega y un genuino compromiso con las ansias de la perfección, entonces es muy difícil que se logren resultados relevantes.

Muchas personas, ya sea de nacimiento, enfermedad o por accidentes, se encuentran en desventaja física, es decir, con algún tipo de impedimento físico. Esto no quiere decir que lo esté catalogando como pobre físico, sino como potencial ganador de la vida. Hoy por hoy, podemos ver a muchos/as de ellos/as compitiendo en torneos paralímpicos con garra y fuerza única.

Por lo tanto, la pobreza física es posible aminorarla, enfrentarla y disminuirla, a través de elementos vitales tales como una adecuada actitud, una fuerte motivación, una valiente determinación y con sólida decisión.

No olviden que, si tenemos una actitud positiva frente a los obstáculos, siempre se notará la diferencia al encontrar las soluciones. Una diferente predisposición para alcanzar el resultado esperado. Por supuesto, si estamos lo suficientemente motivados/as, las dudas se disiparán y nada ni nadie desenfocará nuestros objetivos. Por supuesto, aunque aparezca el desánimo y el desaliento, si estamos lo suficientemente determinados/as a alcanzar las metas planificadas, será una realidad. Y, por último, si ya hemos tomado la decisión, no se deben permitir cambios, excepto en pos del moldeamiento y mejoramiento del plan trazado.

### • POBREZA ESPIRITUAL

Es irrefutable que existe un cambio paradigmático en torno a la temática de las creencias en el siglo 22. Hablando de forma comparativa, en décadas y generaciones anteriores, existía una tendencia inserta en el aprendizaje de valores, principios y hábitos hacia la religiosidad, sobre todo al catolicismo. Hay hipótesis que dicen que, a partir de las desilusiones religiosas, por diferentes motivos, se encauza la sociedad en dirección a la laicidad. Otras hipótesis dicen que, a partir del aumento de la ciencia, del análisis crítico, se redireccionan las creencias de la sociedad.

Pero, independiente de la distancia religiosa de las personas, lo concreto es que la realidad acerca de la teoría tripartita del ser humano posee un alto porcentaje de confirmación, donde se postula que el ser (humano) está compuesto de tres elementos: espíritu, alma y cuerpo.

Desde esta génesis, nace la exposición de la pobreza espiritual en la cual la persona no ha desarrollado esta área. Y cuando hablo de «área espiritual», no hablo necesariamente de creencia, de religión o de fe. Muy por el contrario, el área espiritual que poseemos no está enmarcada o enjaulada en una creencia, sino en la libertad de acción y de aceptación de la existencia de un mundo espiritual.

Desde lo terapéutico, en ocasiones, he visto cómo la creencia o el desarrollo del área espiritual ha ayudado bastante al éxito de la terapia psicológica. Es decir, va a depender del nivel de confianza, admiración y de podio emocional en el cual usted coloque a un individuo. Así, será la permisibilidad que usted le está entregando a esa persona el dominio para ejecutar cambios en su interior. Esta idea se ve reflejada cuando el padre cambia, conductualmente hablando, por la llegada de su hijo/a al mundo. Cuando la pareja cambia por amor a su enamorado/a. Cuando la persona cambia por su acercamiento a la figura de Dios. Y así, varios ejemplos más.

El aparente aumento de personas ateas o agnósticas nos señala la determinada postura frente al concepto o idea de Dios, pero no a la inexistencia del mundo espiritual o al área espiritual de las personas. Por lo tanto, creyentes y no creyentes, ateos o agnósticos, todos poseen riqueza o pobreza espiritual.

Para dar mayor luz a esta idea, es necesario utilizar la «sinonimización». Vocablo que expresa la acción de ocupar sinónimos para expresar mayor claridad a una idea o postulado.

Evocaremos a los ancestros para entender esta idea, en el sentido de exponer la frase «fuerza de espíritu» o «espíritu inquebrantable». Cuenta la historia acerca de héroes ancestrales como Caupolicán, Lautaro, y otros caciques mapuches que se resistieron al asedio y dominio español. Hombres que, a pesar de la desigualdad de condiciones de lucha, enfrentaron al enemigo con una fuerza espiritual, más allá de la valentía, arrojo y ausencia de miedo.

En esta idea logramos visualizar que, cuando hablamos de pobreza espiritual, nos referimos a la ausencia de consistencia valórica, cúmulo ético y de principios que impide un comportamiento leal, una conducta honesta y acciones transparentes.

Por desgracia, la abundancia de ansias de poder en los seres humanos ha tenido o, mejor dicho, tiene una desbordante inclinación y tendencia negativa. De manera transversal y en la gran mayoría de las áreas, se hace presente en las personas el fuerte deseo de poder.

Vemos manifestada tal tendencia en el asedio de la invasión española en tierras mapuches que, de manera tragicómica, estamos viendo en la invasión española en las empresas concesionarias de las carreteras de nuestro país, Chile.

Entonces, se suma a la tendencia de ansias de poder y dominio de los españoles, en el ejemplo histórico, el espíritu inquebrantable de los mapuches para presentar resistencia a la carga enemiga. Este ejemplo simplifica cómo el poseer riqueza espiritual otorga elementos y características al individuo que trae, como resultado, la obtención de lucha frente a obstáculos o barreras que nos presenta la vida: enfermedades, muertes, accidentes, pérdidas, duelos, rupturas, robos, asaltos, estafas, desempleo, humillaciones, y un largo etcétera.

## • POBREZA ALMÁTICA

Ya hemos establecido en la primera edición de *Psicologiando barreras*, en el capítulo del dolor, que existe un dolor almático que se da cuando tiene umbrales con niveles exageradamente altos. Y, para esta idea, vamos a entender el concepto de alma como el asiento de nuestras emociones, sentimientos y voluntad.

Por lo tanto, cuando hablamos de pobreza almática, lo que estamos diciendo es que la persona tiene una pobreza de emociones, de sentimientos y de voluntad.

La pobreza emocional es la ausencia o niveles disminuidos de emociones. Se trata de una persona fría, ausente o distante a situaciones que, por lo general, son de carácter emocionantes. Ya sea por su estilo de crianza, algún tipo de trauma, de mecanismo de defensa o alguna otra causa, sobre todo mental.

Acá nos encontramos con personas que no se emocionan con una canción, con una película, con un animal, etc. Por lo general, no se sienten cómodas en sitios en los cuales hay afluencia de emociones, actos escolares, eventos artísticos, reuniones familiares. Son, en su gran mayoría, personas que se aíslan del grupo.

La pobreza sentimental, por otro lado, es también ausencia o niveles disminuidos, pero de sentimientos. Es decir, la persona tiene serias dificultades para experimentar sentimientos, ya sea hacia personas, lugares, animales, situaciones o panoramas en general. Muchas veces, no se sienten cómodos con manifestaciones cariñosas y de afecto. Se rehúsan a mostrarse vulnerables y se cubren con una capa de frialdad. Se complejiza encontrarlos en situaciones de tristeza o alegría, son más bien apáticos y planos emocionales.

La pobreza de voluntad es aquella que se manifiesta en la ausencia o niveles disminuidos de independencia, autonomía y poder de decisión. Son personas que siempre están dependiendo de otro/a para ejecutar una tarea. Se escudan bajo el amparo y sombra de otro. Tienen buenas ideas y creatividad; sin embargo, no son proactivos ni lideran grupos. Se sienten cómodos detrás del grupo, en el anonimato, ocultos. Tienen personalidades introvertidas y de bajo perfil.

Por consiguiente, para las personas que se identifican con la pobreza almática, con la pobreza espiritual y con la pobreza física, es menester resolver sus situaciones en intervenciones terapéuticas, lo antes posible. Cabe destacar que las anomalías, si bien no son contagiosas, son bastante amplias en la red que abarca en su afección, sobre todo a su entorno cercano.

Hay que saber distinguir causas de efectos, los síntomas del trastorno, y comenzar sesiones psicológicas, para su propio bienestar y de quienes le rodean.

## • POBREZA COGNITIVA

Por otra parte, la pobreza cognitiva se refiere a la escasez de capacidad mental para enfrentar su medio. Acá entran todas las personas que tienen algún tipo de impedimento o deficiencia cognitiva. Ya sea referente a la velocidad de procesamiento, a la amplitud de registro, memoria a corto, mediano y largo plazo, nivel de razonamiento y rango de percepción.

El test de inteligencia de Wechsler, mejor conocido como el WISC (que ya se ha actualizado en su versión V), permite indagar y medir características cognitivas que poseen los/as niños/as, y el WAIS para rango etario adulto.

Aunque es cierto que existen personas con algún tipo de deficiencia cognitiva, a las cuales se les dificulta el aprendizaje y la interacción social, no es menos cierto que hoy por hoy, a raíz de la oferta y demanda del sector educativo, y de los diferentes subsidios económicos que otorga el Ministerio de Educación, se ha caído en la ausencia ética en relación a los diagnósticos psicoeducativos de los estudiantes. Tal acción repercute en el «etiquetamiento» de personas con impedimentos cognitivos que, en su fiel realidad, no tienen ningún impedimento cognitivo referente al aprendizaje.

«Tonto/a», «retrasado/a», «estúpido/a» y otros apelativos ofensivos que suelen otorgar, a quien lo recibe, una marca emocional negativa bastante considerable. Nunca olvide que nuestras palabras tienen el poder de sanar una herida, pero también de causarla. El poder de levantar, pero también de hundir. En ocasiones, he tenido que intervenir anomalías causadas en esta área por palabras que se volvieron creencias, y creencias que se hicieron realidad.

Es necesario aclarar que el vocablo *cognición* se refiere a conocimiento y/o comprensión; por lo tanto, cuando utilizamos la idea de pobreza cognitiva, nos referimos a la incapacidad de entender, a la ausencia de conocer algo en particular y todo en general.

Por consiguiente, si entendemos que el conocimiento es un elemento que tiene la propiedad de adquisición voluntaria, vamos a asimilar entonces que la pobreza cognitiva se puede revertir a través de la adquisición de conocimientos, ya sea por medio de estudio, lectura, aprendizaje, etc. Siempre y cuando no existan obstáculos o impedimentos cognitivos que dificulten el aprendizaje y/o adquisición de conocimiento.

Así, el primer paso para intervenir la pobreza cognitiva es diagnosticar si existen anomalías a la base de la cognición, y establecer pautas a seguir dependiendo de los resultados del diagnóstico ejecutado. Una vez obtenidos los resultados, se prosigue a intervenir las causas y problemáticas existentes.

## • POBREZA CREATIVA Y/O INSPIRACIONAL

Este tipo de pobreza es uno de los pocos que tiene una singularidad: que se presenta en algunos períodos de tiempo y no tiene fácil explicación o causa. Por lo general, aparece en personas que se mueven en el ámbito artístico.

De forma común, se le otorga o se le conoce como la llamada «sequía creativa» y/o «sequía inspiracional», que es un estado de escasez de ideas y falta de lucidez/fluidez de ellas. Sucede por diversas causas: estrés, cuadros depresivos y/o ansiosos, depresión, ansiedad, duelos, trastornos del sueño, desgaste mental, cansancio, etc.

Si se es un compositor, escritor, pintor, músico o artista en cualquier otra disciplina, la persona comienza a perder sus facultades de creatividad y capacidad de inspiración para componer, escribir, pintar, etc.

El terapeuta debe indagar información relevante en relación a la «musa inspiradora». La idea es ubicar el origen de la fuente de inspiración del paciente/cliente. Una vez reconocida la fuente o musa, se procede a indagar la causa del distanciamiento, alejamiento, agotamiento o desaparición de la inspiración. Aquí, aparecen bastantes variables a intervenir. Desde «la fuente se secó» (la musa o fuente ya no provoca inspiración), hasta «dones/talentos desorientados» (la capacidad artística sin dirección ni ubicación correcta).

Es interesante y fascinante el mundo a encontrar en los aparatos mentales de las personas que tienen su área artística desarrollada, porque su perspectiva de vida es bastante peculiar. Y, por lo mismo, se debe proceder con cautela y con mucho profesionalismo. Lo menciono, ya que me he encontrado con daños bastantes severos en pacientes que han sido mal intervenidos y su estado posterior es peor que el primero.

Por lo tanto, la pobreza creativa e inspiracional tiene porcentajes bastantes alentadores de superación, con la debida intervención psicológica. En ocasiones, se obtiene éxito con solo algunas terapias; en otras, en terapias más extensas, debido a la aparición de anomalías que obstaculizan el bienestar y la misma intervención terapéutica.

## ◆ POBREZA ECONÓMICA

Esta barrera está ligada al concepto de felicidad, a la idea de que el dinero otorga felicidad. Y, en estricto rigor, es así; sin embargo, puede que la felicidad no sea propiedad del dinero de forma exclusiva, sino que hay muchas otras formas e instancias donde se puede lograr tener momentos felices, no solo por medio del concepto económico.

Tengo la firme convicción de que se suscitarían cambios significativos en la sociedad si en las mallas curriculares educativas se añadieran ramos de educación sexual y emocional, y presupuesto familiar. Esto, porque son áreas con las cuales estamos muy en deuda. Nuestras sexualidades y entendimiento de esta temática tienen niveles de ignorancia abismantes. Y, por otro lado, nuestros niveles de endeudamientos son de índices altísimos. Esos serían mis argumentos, junto con otros, para plantear la urgencia de la enseñanza de estos temas en el país.

Para nadie es secreto que hoy tenemos una sociedad que consume mucho más de lo que genera, que gastamos mucho más de lo que invertimos, que nos endeudamos mucho más de lo que podemos pagar. Y esa forma de vida termina por colapsar cualquier sistema, por muy bien estructurado que esté. Me refiero al sistema familiar, de manera prioritaria.

Es en este sentido que se plantea la pobreza económica como una barrera para alcanzar bienestar. La deuda económica siempre será un factor provocador de cuadros ansiosos y/o depresivos. Traerá consigo ambientes muy estresantes, discusiones, malentendidos y situaciones complejas que se podrían evitar con una adecuada planificación financiera familiar.

Entiendo que el concepto de igualdad de oportunidades es una utopía y una ilusión, ya que no todos tenemos acceso a las mismas oportunidades y, por ende, no se tienen las mismas posibilidades económicas. Esto provoca un descontento socioemocional importante, al punto de observar el aumento considerable de los niveles de agresividad, de delincuencia y de actos vandálicos.

Pero, independiente del nivel socioeconómico que se posea, la planificación financiera es una excelente opción para evitar las consecuencias del endeudamiento, que es transversal y no solo afecta a un sector de la población, sino a todos por igual. Unos con mayor monto de deuda, otros con menor monto, pero, en general, hay una clara tendencia al endeudamiento. Y, obviamente, a caer en el círculo vicioso de la morosidad.

En este sentido, he visto cómo han aumentado las empresas de cobranza y que lucran con las deudas de morosos/as que no han podido pagar, y de otros que no han querido pagar. Empresas que, sin ningún control o supervisión, asedian y acosan a los morosos, al nivel de colocarlos en verdaderos cuadros ansiosos y ocasionar cuadros de estrés severos.

Como en todos mis libros, nunca será la intención enlodar a una persona, entidad, lugar, empresa, institución, etc., sino que siempre expongo lo que he visto en el «diván». Entiendo que las empresas de cobranza se manejan dentro del ámbito legal y dan trabajo a muchas personas; por lo tanto, muchas familias se benefician. No obstante, considero que la forma y metodología que se han empleado no son las más adecuadas para cumplir su propósito: que el/la moroso/a cancele su deuda.

Por lo tanto, si hemos establecido que el endeudamiento, la morosidad y la pobreza económica están ligados a la educación financiera, es muy posible disminuir tales niveles, empezando con temas educativos en esa área, por una parte, y legislando por otra parte.

Ahora, desde mi área clínica psicológica, se sugieren, sin duda alguna, asesorías, orientaciones; y si es severa o transcurre en otras problemáticas, terapias psicológicas para intervenir la situación de manera eficaz.

El ordenamiento financiero, trabajar con el aspecto «apariencia», un reaprendizaje del consumismo y obtención de lo que realmente necesito, y otros aspectos que se deben ir manejando de mejor forma, son elementos importantes para revertir esta barrera.

### • POBREZA SOCIAL

Se refiere a la condición que poseen las personas que no tienen un círculo social dentro de los parámetros de aceptación promedio. Es decir, que por diferentes razones no han desarrollado afinidad social para que su interacción sea la más adecuada.

Se debe marcar la diferencia con el concepto antisociabilidad, o de la persona antisocial que, por decisión propia, ha optado tomar distancia social por variadas razones. En cambio, la persona que presenta la característica de pobreza social no ha desarrollado un adecuado roce social, ya sea por ausencia de bagaje cultural/social/educativo, por disminuida preparación/capacitación y por distancia física/geográfica.

La ausencia de bagaje cultural/social/educativo es el factor en el cual la persona presenta un inadecuado cúmulo de experiencias y vivencias en cuanto a relaciones interpersonales que van ciñendo, de cierta manera, algunos rasgos de comportamiento.

No ha logrado generar oportunidades que le propicien la adquisición de instancias vivenciales de roce social significativas.

La disminuida preparación/capacitación es el factor donde la persona no se ha podido preparar y capacitar en torno a las relaciones interpersonales porque no lo ha considerado necesario, porque no ha tenido la motivación e intención suficiente, u otro motivo específico.

La distancia física/geográfica es el factor que especifica el lugar de residencia y las implicaciones del lugar en sí. Es decir, índice de ruralidad que marca, de forma enfática, la distancia geográfica y que repercute negativamente en los niveles de sociabilidad en la persona.

**♦ POBREZA EMOCIONAL**

Es aquella que se destaca de manera negativa en las personas por la frialdad sentimental, carencia afectiva y distanciamiento de afectos.

Las personas que poseen una pobreza emocional no se caracterizan por ser individuos sentimentales. En otras palabras, la disminución de sentimientos o casi ausencia de estos, está bastante marcada en su conducta y comportamiento. No expresan ni manifiestan presencia de sentimientos notorios.

Esta característica se debe a factores tales como crecer y desarrollarse en un ambiente familiar carente de afectos, haber vivido experiencias sentimentales de fracaso o desengaño que generaron un profundo daño emocional y, producto de estas situaciones, surge como mecanismo de defensa una coraza o armadura para evitar ser dañados/as de nuevo.

La carencia afectiva que poseen las personas con pobreza emocional está marcada por episodios afectivos de vulneración, en algunos casos. O sea, personas que han vivido episodios de infancia o juventud que han provocado un alejamiento a toda clase de gestos o acciones afectivas por el nivel de daño ocasionado.

Las carencias afectivas también se relacionan con la necesidad afectiva que presentan las personas frente a lo emocional. La necesidad de ser valorado/a, amado/a, validado/a. La persona busca saciar el sentido de pertenencia. Es decir, busca sentirse parte de alguien, ser o estar en propiedad de otro/a. En ocasiones, son personas bastante solitarias, o que, a pesar de todo, se sienten solas, aunque no lo estén visualmente.

El distanciamiento afectivo nos muestra la distancia física y simbólica que tiene una persona en relación a sus afectos. Este distanciamiento, en ocasiones, ocurre por evitar el dolor, los niveles de angustia, y la incapacidad de sobrellevar la emocionalidad de forma adecuada.

Nos refleja al ser apático, frío, quizás hasta calculador, por decisión propia o impulsado por eventos que dan fe del porqué se ha alejado de los afectos hacia sí mismo o hacia otros.

Resulta evidente que el dolor es un elemento presente en la vida del ser humano. No obstante, en su gran mayoría, se buscará reducir los niveles e instancias dolorosas, excepto en la existencia de algún trastorno, tal como el masoquismo.

Las personas, desde el inconsciente, funcionarán en la reducción de eventos o episodios angustiantes. Por consiguiente, el ser humano tenderá a reducir la sensación de angustia provocada por el estado de carencia, sobre todo afectiva/emocional.

En virtud de esta barrera, se sugiere, como en la gran mayoría de las barreras, permitirse ser intervenido/a terapéuticamente para trabajar la reducción de angustia, conceptualización de la pobreza y demás.

# Barrera de la responsabilidad

La responsabilidad tiene la particularidad de ser un elemento de aprendizaje. Para algunos será un símbolo de respeto; para otros, será un valor y un principio. Otros, lo considerarán un hábito.

Asociado a la responsabilidad, se puede incluir la puntualidad, el «hacerse cargo» y/o «encargarse de algo o alguien», tomar conciencia, asumir roles, tareas y/o funciones.

Desde lo conductual, y desde tiempos inmemoriales, el ser humano se ha rehusado a vivir regido por este elemento tan crucial hoy en día. Lo analizaremos a través de ejemplos cotidianos para visualizar la importancia de tal barrera.

«Camión se volcó e impactó a un vehículo menor, dando muerte a sus ocupantes»; así anuncia la noticia el accidente ocurrido, en el cual, como muchos otros, hay muertes que lamentar.

En este ejemplo, de inmediato aparece la figura del factor conducción responsable. Considero que la gran mayoría de los accidentes carreteros vehiculares se podrían evitar si le otorgamos la significancia, importancia y relevancia a la **responsabilidad**. Las maniobras irresponsables abundan en la ruta: los adelantamientos imprudentes, la velocidad excesiva, los grados de intemperancia en los/as conductores/as; conducción distraída a causa de equipos telefónicos, carga horaria laboral y ausencia de horas de descanso, ausencia de seguimiento y respeto a las normas de tránsito.

Se suman a esto las condiciones mecánicas/eléctricas/hidráulicas del vehículo, sea cual fuere. Y, una vez más, el concepto de responsabilidad resalta, tanto del encargado del mantenimiento como del conductor o conductora del vehículo. Lamentablemente, hoy por hoy, la inoperancia y los trabajos mal ejecutados abundan, ya sea por la triste excusa de «abaratar costos» o «rapidez en la entrega». Estos repercuten en situaciones de riesgos altamente dimensionadas.

No digo, con esto, que todos los accidentes de ruta tengan que ver solo con el elemento responsabilidad, sino que hay también otros factores que se deben considerar. No obstante, un alto porcentaje se involucra este crucial elemento.

Por otra parte, cuando se enfrenta un accidente laboral, según los expertos prevencionistas de riesgos, se expresa desde dos miradas: acción insegura y condición insegura. La acción insegura se entiende como la conducta laboral de un trabajador que representa un riesgo para sí mismo, para otros y para su entorno. Y, por otra parte, la condición insegura se entiende como el elemento externo, ya sea el equipo o infraestructura, que representa un riesgo para los trabajadores.

Desde la psicología organizacional o psicología laboral, los accidentes laborales se enfrentan desde lo conductual, incluyendo el factor emocional. Es decir, una acción insegura tiene el trasfondo de la conducta y las emociones del trabajador. Y, por otro lado, se enfrenta la condición insegura desde el análisis de la «relación trabajador-equipo» y del análisis exhaustivo de todo lo que puede representar un riesgo para el/la trabajador/a, en lo que a equipo e infraestructura se refiere.

Dicho lo anterior, la responsabilidad toma un peso bastante considerable al momento de ejecutar cualquier trabajo laboral. Si bien es cierto que hay ambientes laborales diferentes en cuanto a los niveles de riesgo, también es cierto que la prevención como tal logra disminuir los acontecimientos desastrosos.

Entonces, la emocionalidad está estrechamente relacionada con la responsabilidad, y, por ende, con la eventualidad de accidentabilidad. Desde este punto se fundamenta la relevancia de la figura del profesional psicólogo en los diferentes ámbitos, no solo en el aspecto clínico/terapéutico, sino también en lo deportivo, lo educacional, lo comunitario, lo legal, en lo pericial, lo investigativo, lo policial, en lo laboral, y un largo etcétera.

Así que, entendiendo y asimilando que las emociones están involucradas en la conducta humana y, por consiguiente, en las acciones y reacciones de las personas, y en las consecuencias favorables o desfavorables de estas, es imperativo apuntar nuestra atención a «hacernos responsables» no solo de nuestras emociones, sino que el llamado es a «hacernos cargo» de lo que provocan, a nivel emocional, nuestras palabras, acciones, actitudes, reacciones y comportamiento en nuestros interlocutores.

Es cómodo ir por la vida, disfrutando de esta, sin mediar o preocuparnos por la ola de eventos alternos que va provocando nuestra persona en la interacción social.

Ya hemos establecido que el ser humano es un ser individual, y también social. Y que, en esta sociabilidad, surgen apegos o rechazos sociales, ya sea de manera multifactorial.

La disminución en la empatía social, la ascensión de la agresividad y el estrés que provoca la situación actual de pandemia, son factores que han desembocado en un alejamiento de «responsabilidad social» que deberíamos tener hacia nosotros mismos, hacia otros, hacia el planeta, hacia el ecosistema, hacia la naturaleza, etc.

Paradójicamente, al camión que retira nuestra basura se le llama el «camión de la basura», a pesar de que el trabajo, en sí, es de limpieza. Por lo tanto, se le debería llamar el «camión de la limpieza». En Chile, país donde vivo, recuerdo una ocasión en la cual se paralizaron los trabajadores de la «limpieza». Y, créanme, fue caótica la situación que se generó por la acumulación de basura que producimos a diario.

Legislaron que usáramos bolsas plásticas. Por lo tanto, hay que llevar bolsas de género o de polipropileno y ya no de polietileno, como se usaba anteriormente, al ir de compras, sobre todo de supermercados. No obstante, los envases de muchos de los productos vienen en bolsas plásticas. Así, por angas o por mangas, se sigue contaminando. Aunque es cierto que el polietileno es un plástico que no se degrada con facilidad, el propileno es un material termoplástico que se degrada con menor dificultad. Sin embargo, la acción contaminante es similar.

En relación a responsabilidad social, hay bastante tela que cortar en temas de contaminación, de desechos tóxicos; por ejemplo, empresas que, por una parte, otorgan estabilidad y calidad de vida a miles de familias mientras que, por otra parte, van contaminando los ríos, mares y lagos, en conjunto con la consecuente destrucción de vidas marinas.

Es la gran pugna social de discusión y de debate. ¿En qué punto de equilibrio se puede sustentar y sostener una estructura laboral que juega un rol importante en el avance y sostén de numerosas familias, pero que, con tal avance, se suscita el elemento alterno de la contaminación?

Los ambientalistas argumentan que se debería detener el «avance y desarrollo» de las grandes y medianas empresas. Los empresarios argumentan la necesidad de bienestar y calidad de vida de sus trabajadores y pobladores en general. Es la eterna rivalidad de los polos opuestos. Izquierdistas vs. derechistas. Animalistas vs. carniceros. Creyentes vs. ateos. Veganos vs. carnívoros. Machistas vs. feministas, etc.

Y así, las muchas otras rivalidades que se dan en temas de raza, como los racistas; en temas de género, como los homofóbicos; en temas de género, como el machismo/feminismo. Rivalidades deportivas, políticas, sociales, religiosas y tantas otras.

En síntesis, el ser humano manifiesta su irresponsabilidad social, de una manera u otra, que da para bastante análisis, en donde aparece la tendencia autodestructiva que posee el ser humano. La ausencia de conciencia social, la disminuida capacidad empática. Aunque hay que reconocer la tremenda solidaridad que caracteriza a las personas en general.

En lo personal, creo en un mundo mejor, en un mejor ambiente de vida. Sé que hay mucho por aprender, mucho por hacer, mucho por cambiar, por erradicar, por mejorar. Sin embargo, se puede lograr.

Ahora, ¿qué se puede decir de la responsabilidad parental, de la responsabilidad doméstica y de la responsabilidad educativa? ¡Bastante!

Coloquialmente, a los varones que no cumplen con su deber parental se les llama «papito corazón». Quizás sea por la incoherencia de su desapego con sus hijos/as, quizás sea por la incomprendida acción de no hacerse responsable de sus acciones, quizás sea por la dureza de su corazón para entender que los hijos necesitan de ambos padres, sin importar si están juntos o no como pareja sentimental.

Para hablar de responsabilidad parental, se debe iniciar en la génesis del asunto en cuestión, y que comienza en una relación de intimidad sexual. Consentida o no. Planificada o no. Con prevención o no. Con amor o sin amor. Por supuesto, es una de las acciones humanas que más repercusiones tiene en nuestra existencia. Unos minutos que destinan nuestro futuro y determinan nuestra existencia, que estará ligada a otro ser humano para siempre.

Hoy, las estadísticas demuestran la abismante cantidad de «papitos corazón» que deambulan por las calles, ignorando la grandeza, lo sublime y la satisfacción que se experimenta al ser padre/madre. Las diferencias entre ser madre y ser padre son notorias y demostrables de forma empírica.

El hombre, por lo general, no posee la capacidad para separar las aguas en relación a sus diferentes roles. Es decir, si ocurre una separación sentimental con la pareja, se aleja de ella y también de los/as hijos/as. Sin duda, hay lindas excepciones en las cuales la presencia del padre en la vida de los hijos, a pesar de la separación, es permanente y constante. Es justo mencionar la existencia de madres que impiden la relación de sus hijos con el padre, debido a su dolor, pena, rencor y, quizás, odio. Argumentan que consideran que la presencia del padre no «les hace bien» a sus hijos/as. Es oportuno aclarar que existen numerosos casos en que la presencia de uno o ambos padres representa un riesgo emocional y físico para los infantes. Y no solo en los casos de los «chicos Sename», sino también casos en los que el Tribunal de Familia puede dar fe y respaldo a esta situación.

La influencia, no solo genética, que imparten los padres sobre sus hijos es muy relevante y determinante, incluso en la personalidad de los infantes. Estimando que la personalidad de los seres humanos se termina de configurar alrededor de los 16 y 20 años, y que la personalidad está compuesta por el carácter, modo de ser y aprendizaje obtenido. Este último se obtiene con los valores, principios, estilo de crianza y cultura de sus figuras parentales.

Es cierto que, hoy por hoy, la responsabilidad parental deja bastante que desear, puesto que cada día nos volvemos menos responsables de lo que somos y hacemos. Apenas nos hacemos responsables de nosotros mismos; mucho menos nos haremos responsables de otro ser humano. El valor responsabilidad cada vez tiene menos peso y carga. No obstante, me he encontrado con personas que son excelentes padres y cumplen con sus responsabilidades a cabalidad, marcando un referente en asistencia y presencia emotiva en la vida de sus hijos/as.

No existe una pauta ni un instructivo que nos garantice el cumplimiento de la excelencia en nuestro rol de padres. Sin embargo, se puede coincidir que, entregando calidad de tiempo con nuestros hijos, estando presentes en sus momentos importantes, entregando apoyo, aporte y soporte emocional, físico y económico, que nuestros hijos sientan que sí pueden contar con nosotros, son algunas de las muchas cosas esenciales para tener en cuenta.

En este sentido, creo que hay un gran error. Se piensa que si nuestros hijos logran conseguir un buen trabajo, después de haberse graduado en una prestigiosa universidad, significa que hemos sido exitosos en nuestro rol de padres. Nada más lejos de la realidad, puesto que la obtención de logros personales de nuestros hijos no nos constituye exitosos. Creo con firmeza en la entrega de momentos significativos y herramientas necesarias para enfrentar su propia vida y salir airosos. Para nuestros hijos, es símbolo de un adecuado rol parental.

Cuando hablo de herramientas, me refiero a contención emocional, a educación académica por voluntad propia, a orientación, consejería y asesoramiento de la vida, a independencia y autonomía, a un apego seguro y estable, a valores y principios éticamente correctos, etc. En resumen: estar presente.

Por otra parte, la responsabilidad doméstica se refiere a hacernos responsables de un cúmulo de situaciones que analizaremos a continuación:

Las deudas son parte de la responsabilidad doméstica. Hacernos cargo de lo que gastamos, de lo que podemos pagar, en relación a lo que percibimos como entrada de dinero presupuestal. Los adelantos y desarrollo tienen un costo asociado. La energía eléctrica, el agua potable, la conectividad satelital, el acceso a la información digital, etc., son algunos costos que debemos asumir como grupo familiar. Gastos de educación, de locomoción, ya sea furgón escolar, vehículo particular u otro medio de transporte al colegio y trabajo; de alimentación, dependiendo de la cantidad del grupo familiar; de salud, dependiendo del estado médico del grupo familiar; de apoyo social, comunitario, deportivo, religioso u otro. Y los famosos «gastos varios».

Los/as hijos/as son parte de la responsabilidad doméstica. Repartirse las tareas y funciones sería lo ideal, ya que, en la actualidad, ambos integrantes de la pareja trabajan, en la mayoría de los casos. Por lo tanto, el apoyo y el mutuo acuerdo es fundamental. Entre trabajo y crianza, muchos olvidan o dejan en segundo plano su relación sentimental, ya sea para avivar el fuego afectivo de pareja, o iniciar una nueva relación sentimental si existiese la eventualidad de haberse separado o divorciado.

Hoy, es bastante recurrente encontrar niveles de irresponsabilidad en esta área, mucho más por parte de los hombres. Y no solo desde la mirada económica, sino en el necesario encuentro emocional con sus hijos. Es decir, existe un alto número de casos de separaciones sentimentales en las cuales la madre se queda con el cuidado de los hijos, en la casa donde vivían juntos, y es el padre quien, sea cual sea el motivo de la separación, opta por iniciar una nueva etapa fuera del hogar/familia que habían construido.

Tal distanciamiento, lo hemos dicho con anterioridad, provoca variadas consecuencias negativas en el desarrollo afectivo y emocional de los/as hijos/as, si es que no se cuenta con la madurez, acuerdos efectivos, intencionalidad y motivación para procurar estar presente en sus vidas.

Por experiencia clínica, he tenido muchísimos casos de disfuncionalidad familiar, en este sentido. Y, por desgracia, los traumas, los recuerdos y la huella emocional son temáticas que aparecen, de inmediato, cuando se inicia algún tipo de tratamiento o intervención terapéutica.

Ahora bien, con respecto a la responsabilidad educativa, podríamos mencionar, por ejemplo, que la educación es uno de los mayores tesoros y herencia que podemos entregar como padres/madres a nuestros/as hijos/as. Educación que les permitirá enfrentarse a la vida laboral/familiar con mayores expectativas y opciones. Educación que se torna necesaria para obtener formación académica, afianzamiento de valores y principios, roce social y bagaje cultural.

Educar a nuestros hijos es parte fundamental de la responsabilidad educativa. De forma equivocada, se piensa que la educación es una responsabilidad exclusiva del colegio al cual acuden los infantes. No obstante, lejos de ser así, somos nosotros los adultos responsables, quienes debemos asumir tal magno deber; entregar a nuestra descendencia valores, principios, ética y moral para que estos puedan, *a posteriori*, ser aportes en la sociedad. Fomentar su creatividad artística, musical, deportiva, u otra disciplina. Orientar, disciplinar, corregir, guiar, apoyar. En resumen: estar.

Dentro de la responsabilidad educativa, también está el trato con nuestros semejantes. El roce social, la interacción social. Los niveles de agresividad actuales están en niveles exorbitantes y, dada esta característica, los gestos o acciones educadas se van extinguiendo cada día.

Gestos o acciones cotidianas que dejan un sabor amargo por la indeseable forma de atención de algunos empleados de un servicio público, bancario, de salud o de otra índole. Gestos indeseables de los mismos usuarios. Acciones repudiables que muestran la bajeza del ser humano en general. Lo instintivo o animalesco por sobre lo racional y afectivo. Ojo: lo expuesto no engloba el universo, sino que es una generalización, con las apreciadas excepciones que marcan diferencia en su trato, grado de amabilidad, paciencia y bondad.

Por lo tanto, mis estimados lectores, es posible franquear la barrera de la responsabilidad, desde la destrucción de patrones viciosos aprendidos, la reestructuración de creencias conductuales y el reaprendizaje cognitivo-conductual. Todo esto desde la intervención terapéutica. Es muy posible que se deban intervenir otras áreas y anomalías. En la mayoría de los casos, se hace menester intervenir traumas y huellas emocionales para revertir sintomatologías adversas. Sin embargo, es una barrera que se puede mejorar de manera considerable.

# Epílogo

Considero importante, relevante y muy significativo, tomarme unas páginas para expresar algunas salvedades y aclaraciones, en virtud de lo que ha sido expuesto en las páginas que acaba de terminar de leer. Que espero, con toda el alma, haya sido de su agrado, de aporte y de aprendizaje.

En primer lugar, quisiera compartirle mi felicidad por haber concretado este segundo proyecto literario. No ha sido fácil; he tenido momentos de desánimo, de esfuerzo y de cuestionamiento. Digo esto porque el ser humano tiene la tendencia cognitiva de enfocarse en los resultados, por encima del camino recorrido. Por ejemplo: Rafael Nadal es un tenista español que ha cosechado numerosos triunfos en su carrera deportiva. Recientemente, obtuvo su 21° premio de Grand Slam, superando a Roger Federer y Novak Djokovic. Este premio y triunfo le generó una admiración mundial en el ámbito deportivo. No obstante, son escasos los artículos que cubren la realidad del entrenamiento, de la disciplina del tenista, de la dieta alimenticia, de las prohibiciones, del trabajo físico y mental, y del costo o precio que se tiene que pagar para llegar a tal nivel.

Lo mismo se podría decir de tantas personas del ambiente deportivo, artístico, musical, y otras tantas disciplinas que existen.

También es notorio observar que el ser humano tiene la particularidad de enfocarse mucho más en los errores que en los aciertos. Es decir; hay cierto aire de negatividad en nuestras perspectivas. Y esto ocasiona que nuestra motivación, nuestra cotidianeidad y nuestro devenir sean mucho más dificultosos y tormentosos de lo que en realidad son.

Jamás debemos olvidar que somos el producto de las decisiones que vamos tomando a diario. Existirán ocasiones en las que decidiremos de forma acertada, y que, por el contrario, en otras oportunidades decidiremos de manera errónea. Sin embargo, la vida continuará, la Tierra seguirá girando y, créame, tendrá nuevos amaneceres y, por ende, otros momentos para cambiar, mejorar y revertir situaciones.

Aproveche su día; no malgaste su tiempo. Perdone, sobre todo a usted mismo. Disfrute su vida. ¡Viva la vida!

Con enorme aprecio y sinceridad.

Luis Gallardo Rojas<br>
psicólogo y escritor

# LECTURAS RECOMENDADAS PARA EL EMPODERAMIENTO EMOCIONAL

*Psicologiando barreras* (Luis Gallardo Rojas)

*Crónica de un psicópata* (Felícitas Kort)

*El poder de trabajar en ti* (Raquel Caspi Miller)

*Padres desde el amor ¡7 herramientas claves para relacionarte con tus hijos desde el amor y no desde el estrés!* (Elena Tangüis)

*Problemas de pareja* (Roberto Ramírez Bengoa)

*Mírame, aquí estoy* (Angélica Ortiz-Arrieta)

9 789804 360664